JN141909

ミレニアル世代のお金の専門家
横川 楓
Kaede Yokokawa

ミレニアル世代って、何だ？

詳しくは、
次ページの
漫画を読んでみて

最近「ミレニアル世代」って聞くけど、何の世代なのかなって
あれじゃない？なんか、ミレニアルな世代のことじゃない？
何も言ってないのと一緒だよ!!
ジェネレーションY？ジェネレーションX？
Wiki見てもよくわからないな～…
？
？
なんのこっちゃ!!
あきらめてソリティアやる？
PC
カタカタ
お!!これが一番近いかも!!
!!
!!
なるほど…広く言えば2000年代以降に成人を迎える世代(人)のことか…
PC
なるほどね!!じゃあソリティアやる？
あれっ!?ちょっとまって!!
それって私たちのことじゃない!?

はじめに

#ミレニアル世代ならではのお金の知識・常識がある

少子高齢化、年金問題、奨学金返済、低所得……。

これからの日本を生きる私たち**ミレニアル世代（2000年代以降に成人を迎える世代）**の若者が抱えるお金の問題はたくさんあります。

景気のいい時代に生きてきた大人たちからは、「今の若者は車も買わない」「家も買わない」「仕事もすぐ辞める」なんてマイナスなことばかりよく言われますよね。

大きな買い物をするお金もなく、たくさん働いてもお給料は低く、景気が悪いため労働環境が悪いなど、とてもいいとは言えない状況に置かれている若者がほとんど。

でも、親世代や上司世代には、私たちの現況や未来への不安に対して共感してもらえません。

それもそのはず。**私たちより上の世代を取り巻いていた環境や通用していたお金の常識やメソッドが、私たち世代とは大きく異なっています**。

ただ、私たちの世代にも、あと何十年もの人生があります。お金に対する不安を抱えずに、幸せに生きる権利があります。そのためにも、**私たち世代ならではのお金に対する知識や知恵が必要**になっているのです。

ただ、残念なことがあります。

これは世代を問わず言えることですが、日本ではお金のことを学校で教えてもらえずに大人になります。それにもかかわらず、自分でも知ろうとしないまま、放置している人がほとんどです。それはとても危険です、他の世代以上に私たちの世代は……。

なぜなら、**このままお金の知識や知恵を知らないままでいると、損をすることばかり**だからです。

#ミレニアル世代が説く、ミレニアル世代のための本

申し遅れましたが、私は1990年生まれのミレニアル世代です。**「ミレニアル世代のお金の専門家」**として、各種メディアやSNS等を通じて「等身大の目線からのお金の知識・知恵・考え方」を啓蒙し続けています。

そんな私が、なぜこの本を書くのか？

それは、先にも少し触れましたが、私たちミレニアル世代以降の若者と同じ目線、同じ状況を身をもって体感している専門家が書いた、いわば**同世代の身の丈に合った「お金の知識・知恵」**が詰まった本が存在しないからです。

今までもお金に関する本はたくさん出ており、私個人としても多くの学びを得てきました。

ただ、諸先輩方が書いているお金の本の多くは、「20代でも老後のためのお金を貯めよう」「家を買おう」「積極的に投資をしよう」「結婚や子供のためにお金を貯めよ

う」「保険はこういう選び方をしよう」「専業主婦が家計をやりくりする方法」「交際費を削って貯金に回そう」といったことが書いてあります。

実に正しい話ですが、これらは、今までの日本社会のように、決まった将来設計がしっかりしている中で、ある程度お金があることが前提の話。

今の20代〜30代半ばって、お給料も低く、多く稼ぐにはたくさん残業をして、奨学金の返済に追われ、自由に使えるお金も少ない。だから、結婚したり、子供を産むことにも躊躇（ちゅうちょ）してしまう……。

かつての日本経済が右肩上がりの時代とは違います。いや、バブル崩壊後の20年間ともきっと違うでしょう。

社会環境はもちろん、先行きの見え方も考え方や価値観も変わっています。ネットやテクノロジーの急速な発達に伴い、その変化のスピードも凄（すさ）まじいものがあります。

そんな変化の中で、**上の世代には通用していたお金の常識やメソッドが通用しきれない時代を、私たちは生きていく**のです。

誤解してほしくないのですが、今までのお金の常識やメソッドのすべてが通用しないと言っているわけではありません。**「今までのお金の常識やメソッドを、そのまま**

鵜呑みにしてはいけない」ということです。

今までのお金の常識やメソッドのいいとこどりをしつつ、私たち世代なりの新しいお金の常識や知恵、知識を着実に身につけて、活用する必要があるのです。

この本では、ミレニアル世代の人のために、同世代のお金の専門家として私が培ってきたお金の知恵と知識を、等身大の目線でわかりやすく解説していきます。

#「人生の選択肢」が増え、「夢実現の可能性」が広がる

なぜそこまでお金の知識や知恵が大切なのか？

それは、ずばり**「人生の選択肢」が増える**からです。

今はお金の専門家として活動している私ですが、両親は私が小学生のときに離婚し、母子家庭で育ちました。家族のサポートはもちろんあったものの、おそらく母は私には見せていないような苦労もたくさんしていたのだろうと思います。子供ながらに「お金が大変なのかな？」と思うようなこともありました。

にもかかわらず、ありがたいことに大学院まで出させてもらい、何不自由のない暮

らしもさせてもらいましたが、それは母や家族が、私のために、私が人生でいろいろな選択肢を自由に選べるようにお金を用意してくれていたからだなと、今になって改めて思っています。

「家を買う人・買わない人」「車を買う人・買わない人」「結婚して子供をつくりたい人・つくらない人」「結婚して専業主婦・主夫になる人」「シングルマザーやシングルファザー」「結婚をしたくない人」「趣味のためにたくさんのお金を使う人」「海外に移住したい人」などなど、私たちには、上の世代以上に選ぶことのできる、いろいろな人生の選択肢があります。

ただ、そのほとんどの選択肢は、お金が重要な役割を果たします。

お金がないと、選ぶことのできる選択肢が減り、お金があれば、選ぶことのできる選択肢が増えるのです。

景気が急に良くならない限り、所得はなかなか上がらないまま。少子高齢化、年金問題など、どれも悲しいけれど、今後の日本社会を担う私たちが直面していきます。

一方で、スマホの進化、ＡＩ、キャッシュレス化、シェアリングエコノミーやFinTechなど、新しい仕組みもどんどん生まれ、進化しています。

新しい仕組みができれば、当然、新しいお金の常識・知識が必要になり、それを使いこなせば、出ていくお金を抑え、お金を増やしたり、残すことができます。

これは、私たちより上の世代にはなかったチャンスでもあります。

ただ、時代に合ったお金の常識・知識を自分自身で身につけていなければ、せっかくのチャンスも生かすことができません。

でも、**この本を読んで実践してくれれば、大丈夫**です。あなたの人生設計に必要なお金の常識、知識、知恵が詰め込んでありますから。

第1章では、今までの日本の出来事を振り返りつつ、ミレニアル世代の私たちが直面しているリアルなお金事情について、詳しく解説していきます。

第2章は、お金とライフスタイルがテーマです。恋愛、結婚、子供、家、車、カード、趣味など、人生の豊かさと深くかかわるライフスタイルとお金について解説します。

第3章からはいよいよ実践に入っていきます。

お給料が少ない、なかなか上がらない中でどう貯めていくのか、そもそも貯めなくてもいいのかなど、「貯める」「増やす」をテーマに、所得が上がらない時代に、いわゆる「投資」などをして、どのようにお金を増やしていけばいいのか、ミレニアル世代以降の若者の等身大の目線で、さまざまな角度から解説します。

第4章のテーマは、「ミレニアル世代のお金のミライ」です。

仕事や働き方はもちろん、私たちミレニアル世代は今後、この日本でお金とどう向き合っていくべきなのかをわかりやすく解説します。

私たちミレニアル世代の未来が、明るいものになるか、つらいものになるかは、正しい情報、お金の知識、知恵を手に入れて、実践できるかどうか、そしてみんなでその気持ちを共有できるかによって大きく変わります。

ぜひこの本を通して、あなたが望む人生を手に入れてください。

ミレニアル世代のお金のリアル◎CONTENTS

第1章 リアルなお金事情

第2章 リアルなお金×ライフスタイル

第3章 リアルなお金の「貯め方」&「増やし方」

第4章 リアルなお金のミライ

装幀・図版デザイン◎河南祐介（FANTAGRAPH）
本文デザイン◎二神さやか
図版作成◎地主南雲デザイン事務所
装画・本文イラスト◎わかる
四コマ漫画◎おほしんたろう
撮影（著者近影）◎榎本洋輔
DTP◎株式会社キャップス

第1章

リアルなお金事情

今月も給料から
いろいろ引かれて
これだけか…
ハァ…
やりたいことも
お金がなくて
できないし
ハァ…
お金も
増えない…
どうすれば…
やあ!!
お金に
余裕が
ありそうな
自由な
人たち!!
ちなみに
だけど、
「お金を
貯めること」、
「年金」、
「税金」、
「確定申告」、
「投資」…
自分のお金と
ちゃんと
向き合って
る?
向き
合って
る?
全然
知らない
です…
今は
誰でも
お金に
強くなれ
るし、
知らないと
お金が
減っちゃう
よ!!
スーーっ!!
減っちゃう
よ!!
バシャ
バシャ
そんなこと、高校時代
の恩師、江口先生も
教えてくれなかったよ…
久保先生も
教えて
くれなかった…
その先生は
知らんけど、
この本を読めば
大丈夫さ!!
サッ

そもそも「お金」とは何か？

持っているものを渡して、持っていないものを入手する

お金を稼ぐために毎日働き、その稼いだお金で日々の暮らしを保ったり、好きなものを買ったり、好きなものを食べたり、好きなところへ行ったり……。

そんないつも一緒にいるお金ですが、いざ自分のお金と向き合おうと思うと、ちょっと敬遠しがちな存在ではないでしょうか。

「お金」という概念が生まれたのは、ずっと昔のことです。

「自分が欲しい物を相手が欲しい物と交換する」という物々交換から始まりました。

物々交換では、交換する物によっては持ち運びがしにくかったり、同じ価値かどうかの見極めが困難になってきたことから、だんだんと今のようなコインやお札などの形に変わってきたのです。

当たり前すぎて改めてあまり考えもしないことですが、お金とは「自分の持っている物を渡すことにより、自分の持っていなかった物を得ることができる」といった、**自分の持ち物や生活を豊かにする選択肢を増やすための手段**でした。

#選択肢を増やす手段

たとえば、資格取得はわかりやすいですよね。

その資格を取得するまでに勉強のための参考書代、学校の費用など、まずは資格を取るためにある程度のお金がかかります。

それを払うことのできる人は、「資格を取る」という選択肢はもちろん、「資格を取らない」という選択肢も選ぶことができますが、払うことができない人は、「資格を取る」という選択肢を選ぶことができません。

一度資格を取ってしまえば、できる仕事の幅も広がり、自分ができる仕事の選択肢が増えることになります。

もっと身近な例で言えば、将来、「賃貸のマンションではなく、自分好みの家をつくりたくなったとき」「大好きな人ができてたくさんの友人に囲まれながら結婚式を挙げたくなったとき」「子供が習い事をたくさんやりたいと言い出したとき」「都会の生活に疲れて海外に移住したくなったとき」などは、**お金がなければ叶えることができない選択肢**です。

何事も質素でいいし、こういうことを考えるのはとにかく嫌いで、今の生活に満足しているから、あえて選択肢を増やすような行動をしなくてもいいと思っている人もいるでしょう。

ですが、**人はどういうことがきっかけで、何が必要になるかわかりません**。

保険に入らないままで自動車事故を起こしたら、日頃保険に入って払っていたであろう保険料の何倍もの出費になってしまうかもしれないというように、突然の何かに備えて常に準備をしておく必要があるのです。

#「お金に振り回される」大きな要因

多くの人が、お金に振り回されたくないと思っているでしょう。

この「お金に振り回される」という状態は、

「欲しいのに買えない」

「やりたいのにできない」

「行きたいのに行けない」

など、**「自分の理想とする資金」と「今現在自分にある資金」のギャップ**が大きな要因です。

そのギャップからくるモヤモヤにより、お金がないことで心にも生活にも余裕がなくなってしまうのです。

選択肢を増やすツールとしてお金を持てれば、「あれもこれもできない」「これを削らなくちゃ」という状況はなくなって、自分の好きなように、そして自由に生きる手段を選びやすくなるわけです。

#「お金と向き合うこと」を後回しにした末路

他の項目で詳しくお話ししますが、日本で暮らすことが経済的にもすごくいいとは言えない状況に置かれている私たちにとって、**「お金は、選択肢を増やすもの」という意味合いがより強くなっていきます**。

お金と向き合うことを後回しにしてしまうと、今現在のための選択肢だけでなく、将来のための選択肢をどんどん減らしてしまうことにもつながります。

私たちの世代でよく言われている「人生100年時代」（医療の発達などで、平均寿命が延び、100歳生きるのが当たり前のようになる）という言葉。あと何十年も生きていく中で、しっかりとお金と向き合い、人生の選択肢を増やすために、いかに自分のお金をうまく動かしていくかという視点が何より大事なのです。

日本のお金の制度を知らなすぎる件

お金の制度を知らない分だけ損をする

「20歳になったら年金」「物を買ったら消費税」「一定の金額を稼いだら所得税」「お給料からがっちり引かれる社会保険料」「社会人2年目でやってくる住民税」……などなど、ふと気がつくと、私たちのすぐそばにはお金の制度が寄り添っています。

どれも当たり前のように支払っているものであり、義務であれば支払うことは当然だとはわかっていますよね。

でも、「なんで支払わないといけないんだろう？」「何に使うものなんだろう？」と、疑問を持ったまま。私たちは、お金の制度についてあまりわかっていません。

学生時代、授業でうっすらと「税金とは……」といったような解説を先生がしていたような気はするものの、それぞれどんな仕組みで、どういう使い方をされているのかなど、特に誰も教えてくれないまま私たちは大人になってしまいます。

そして、気がついたら直面していたという人がほとんど。

知らないままにしておくと一番怖いのが、お金のことなんです。

たとえば消費税であれば、物の代金に関して一律の税率がかけられるので、子供でも何か物を買えば平等に支払うことになりますが、所得税や住民税、社会保険料などは、その人が1年でいくら稼いだかによっても金額が変わってきます。

所得税や住民税であれば、勤務先で年末に行なわれる年末調整（本来なら確定申告で自分でやらなくてはならない税金を減らす手続きを一部会社がやってくれる）や確定申告（ふるさと納税を5つ以上の自治体にやった場合や2つ以上の収入があった場合、医療費をたくさん払った場合に自分自身で行なう必要がある）で税金を減らすことができることや、4月～6月に残業をしすぎてしまうことによって、年間を通して社会保険料が高くなってしまう可能性があるなんてこと（この時期に残業などでもらうお給料が増えると、保険料も高くなる。また、基本的にはその年の9月から1年間は、そのお給料で計算された保険料が引かれることに）は、知らないとどうにもできません。

お金を取られる制度は知っていても、お金を増やす制度は知っている？

お金を増やす制度についても同じです。

欲しいものを買うためにお金を貯めたり、なんとなく将来のためにお金を貯めないといけないと思っていたり、貯金という概念は、私たちの中に根付いていますよね。ある程度の年齢になると「投資（一般的に、元手となるお金を用意して、お金に働いてもらってお金を増やしていく仕組み）をしてお金を増やそう」なんて話を耳にするようになってきます。まわりの友達が急に投資の話をし始めて、「みんなやってるの？」と焦ったなんて人もいるかもしれません。

でも、**投資の仕方なんて、税金よりももっと何も教わらずにここまできてしまう**のが大半です。

だから、いきなりいざ「投資ができますよ、将来のために投資をして資産を増やしましょう」と言われても、「始めるために何が必要なのか」「どういう種類があるのか」など、イチから自分で勉強していかないといけません。

また、投資というと、儲(もう)け話か、大損した話かのどちらかが取り上げられがちです。そのせいか、「すごく儲かる可能性があるけれど、損をするとかなりの金額を失うことになる」というイメージが先行してしまい、どうしても「投資」＝「怖い」と思っている人も多いですよね。

しかし、投資にもいろいろな種類があり、もちろん損をするリスクはありますが、いきなりすごく儲かるなんてことはないにせよ、長い期間コツコツ投資をしていくという方法もあります。

「知らない」というだけで、せっかくのお金を増やすチャンスも逃してしまうかもしれないのです。

知っている人と知らない人の差が広がる時代

お金のことは、親ですらあまり話題に上げてはくれません。ましてや、友達同士で「どのくらい貯金してる?」「確定申告してる?」なんて、話す機会はそうはないですよね。

貯金額だったり、他の人たちが普段からどうやってお金のやりくりをしているかなんて、正直すごく気になるものです。

でも、日本では特になぜか昔からお金の話をするのがタブーな風潮があるため、ちょっと気になったことがあったとしても、なんとなくお金のことは話題にしづらいのが現状です。

私個人の意見としては、もっと子供の頃から、こうしたお金の制度の基礎教育を積極的にしていくべきだと思っているのですが、すでに大人になってしまった私たちは、自分で知っていかなければなりません。

お金の制度については、私たちはみんな「知らない」からのスタート。この本を通して、お金と向き合ってほしいのです。

ただ、知らないままでこれから何十年も過ごすのと、きちんと身のまわりのお金の制度を知って、それらと向き合って賢く上手に付き合っていくのとでは、手元に残るお金もかなり変わってくるのは確実です。

それは、**上の世代以上に、私たちミレニアル世代以降の人には特に**です。

情報次第で誰でもお金強者になれる世代

#上の世代より便利な環境をフル活用

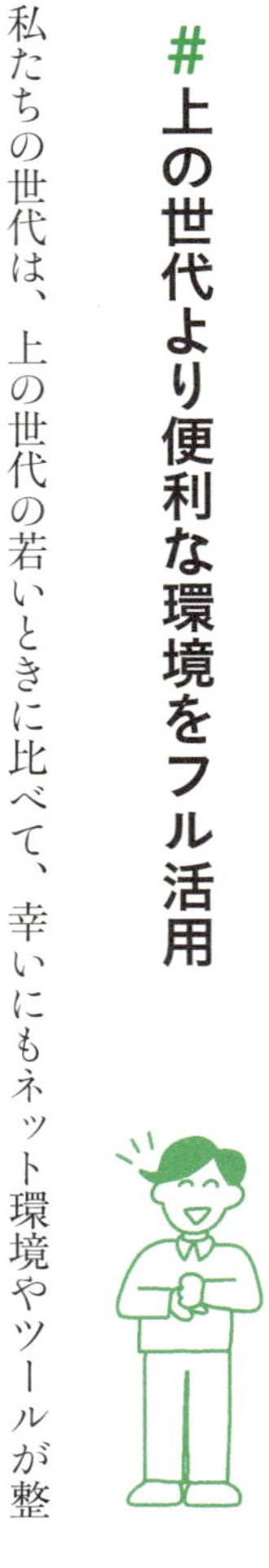

私たちの世代は、上の世代の若いときに比べて、幸いにもネット環境やツールが整ってきており、情報次第で、誰でもお金強者になれる時代です。

お金強者になるエッセンスの一つに「投資」があります。

では、初めて投資をしようと思ったら、皆さんはまずどうしますか？

まずはインターネットで「投資　はじめ方」と調べてみるという人がほとんどではないでしょうか。

そんなふうに、私たちは今気になったことはまずインターネットで調べるという行動が身についていています。

一方、今ほどネット環境が整っていない時代には調べるにもひと苦労でした。投資を始めるために勉強しようと思ったら、本を読むか、専門家に相談するか、銀行の窓口に相談するかといった選択肢がデフォルト。

もちろん、今でもこれらは情報収集の手段としてありますが、本の情報は日々古くなってしまいますし、専門家や銀行に相談するというのも、自分に一番いい情報が得られるかというと、微妙なところなのです。

銀行は親身に相談に乗ってくれるとしても、手数料が高かったり、自分の銀行にメリットが多いような商品を勧めてくるのは間違いありません。専門家も、中立な立場の人ならいいのですが、こちらの事情を考えず、その人を経由で何か契約をすると、その人自身に利益があるようなものをあえて勧めてくる専門家もいたりします。

しかし、**今は、インターネット上で調べるだけで、知りたい内容の基礎的な情報だけでなく、「これが良い・悪い」といった情報を、自分自身で入手することができる**のです。これはとても便利なことです。

さらに、ブログやTwitterのようなSNSが普及したことにより、直接会わなくても、人の意見を知ることができる時代になりました。

ただの情報の羅列ではなく、誰かの考えだったり、実際に体験した経験を知ることができ、より自分に合った情報を得やすくなっているのです。

#ネット情報の注意点

ただ、そんな環境であっても活用せず、知らないままに過ごしていると、おのずと自分のお金が減っていく危険があるのも、今の時代の大きな特徴です。

お金に関するメリットがある情報ほど、人はあまり教えてくれないものです。

税金や社会保険料の制度などもそうですが、たとえば、入院などで高額な医療費がかかった場合に、あとから限度を超えた額を払い戻してくれる「高額療養費制度」（98ページに詳述）です。

ただ、あとから返ってくるにせよ、一瞬でも数十万、数百万円の出費が痛いときがあるでしょう。ですが、収入によって額は異なりますが、これも事前に申請すれば、いくら高額でも限度額のみ支払うだけで済む場合もあります。出産の際に帝王切開と決まっている場合など、申請しておくだけでだいぶ負担が減ることでしょう。

そんな情報も、なかなか調べないと知ることができないんですよね。逆に言えば、**調べればいい情報を得られる可能性があるのが、今の時代**なのです。

ただ、ネット情報に関しては注意点があります。

ちょっと検索するだけでお金の情報が入手できるのですが、**インターネットに載っている情報はすべて正しい情報とは限りません**。

アフィリエイト（広告がクリックされたり、リンクを貼っている商品を買われることで、収入が入る仕組み）でお金を稼ぐために、嘘の情報を載せている場合もあります。

正しいか正しくないかを判断するためには、それを判断するための基礎的なリテラシー（理解度）も必要です。

そういった部分は、本や専門家の発信する情報に頼ってみてもいいかもしれません。

#「お金の情報」に触れる習慣からスタート

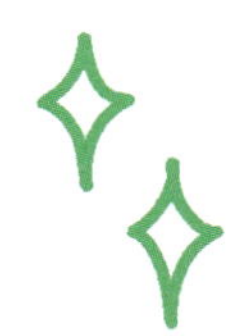

なんとなくお金に関する話題を出すのがタブーな日本では、お金に関する情報と向

き合うこと自体を避けている人も多いのが実状です。

しかし、日本や海外の経済のニュースを語ることができたり、しっかりと投資をして資産運用をしていたり、きちんと将来のためにお金を貯めていたり、身のまわりのお金の制度に詳しかったり……。

そんなことを人より少しでも多く知っているだけで、就活や目上の人との会食、ちょっと気になる相手にいいところを見せたいときなど、何かの場面で絶対まわりと差をつけられることも間違いなしです。

ミレニアル世代は、デジタルネイティブ・スマホネイティブの世代です。

せっかく情報をゲットできるチャンスとスキルはあるのですから、いつでも誰でも好きなだけ情報が得られるこの時代に何もしないなんて、もったいない限りです。

まずは通勤電車、ランチタイム、寝る前のベッドの中など、そんな少しの時間にちょっとでも**経済のニュース**を読んだり、**気になるお金の知識を調べる**だけでもOK。

少しでもお金の情報に触れる習慣をつけて、お金強者になっていきましょう。

年金ってオワコン？払わなきゃダメ？

まず「年金とは何か？」をおさらいしてみた

ちょっと基本に立ち返り、私たちに身近なお金の制度を振り返ってみましょう。

まずは「年金」です。

「年金」というと、よく耳にするのは「私たち世代くらいになると、年金制度は将来どうしようもなくなり、年金がもらえないんじゃないか」といった話です。

会社員ならお給料から毎月天引きされ、自営業なら自分で納めなくてはならないものですが、自分たち世代はもらえないかもしれない、もらえても今のお年寄りより少

ないかもしれないなんてネガティブな話ばかりで、なんだか払いたくないなぁと思ってしまいますよね。

そもそも、**年金とは、すご～く簡単に言うと、将来のための貯金制度**です。

でもこの貯金は、自分のためだけの貯金ではありません。

国に保険料という形でお金を支払うことにより、ある程度の年齢になれば自分自身も決まった額の年金がもらえることが約束されます。

しかし今、私たちが支払っている保険料は、**直接的に将来の自分のものになるのではなく、今の高齢者の人がもらっている年金に充(あ)てられています**。

つまり、若い世代が高齢者の年金を代々順番に負担しているというイメージです。

また、将来のためだけではなく、今現在の出来事に対する年金もあります。

病気やケガで生活や仕事が制限されてしまう場合などにもらえる「障害年金」、自分に万が一のことがあり、死亡してしまった場合に家族がもらえる「遺族年金」です。

これは、保険に近い役割をしており、若い世代でも十分もらえる可能性があるものです。

何かが起きるなんてめったにないとつい思ってしまうのですが、いつ何が起こるか

「公的年金」の仕組みって？

公的年金は2階建て

日本の公的年金は、
日本に住んでいる20歳以上60歳未満のすべての人が
加入する「国民年金（基礎年金）」と、
会社などに勤務している人が加入する「厚生年金」の2階建てになっている。

2階部分 → 会社員、公務員が加入
厚生年金

1階部分 → 日本に住んでいる20歳以上60歳未満のすべての人
国民年金（基礎年金）

フリーランスや
学生はココ！

《出典》厚生労働省HP「いっしょに検証！ 公的年金」を基に作成。

「障害年金」
「遺族年金」など、
今現在の出来事で
もらえるものでも
あるのよ

年金は、
将来のための
貯金制度なんだ

わかりません。**保険料を払っていないまま、万が一のことが起きたら、こうした年金の収入すらなくなってしまう**のです。

結局、私たちはいくら年金がもらえるの？

とはいえ、気になるのは、将来もらえる年金のことですよね。

会社員として支払う「厚生年金」を払っていた人が、実際に月に年金をいくらもらっているのか？

平均で約14万円[*1]（２０１８年現在）となっています。

１９９８年は約17万円でしたから、20年で約3万円減っていることになります。

数字で見ると、あまり減っていないように感じますが、普段の生活の中の3万円と考えると、結構大きな金額なはずです。

さらに、65歳から１００歳までの35年と想定したら、その3万円の違いで、もらえる金額で計１００万円も差が出てしまいます。

私たちが将来月々にいくら年金をもらえるのかを、もっと具体的に確認できるシステムがあります。

それが日本年金機構の**「ねんきんネット」**です。

こちらに登録すれば、パソコンやスマートフォンで自分の年金の情報を確認することができます。

漠然としか感じられない老後の不安が、将来実際にもらえる年金を確認できれば、少しは明確なものになるはずです。

年を取れば医療費もかさみますし、自分たちだけではなく、子供や孫のためにもお金を使う機会があるでしょう。

退職金といった仕事を辞めるときにプラスアルファでもらえるお金もあるので、そこで確認した金額が老後資金のすべてではないかもしれませんが、「将来もらえるであろう年金で、果たして自分が死ぬまで満足がいく暮らしができるのか?」ということを、ここでぜひ一度考えてみてください。

もらえるであろう年金額がわかった後のステップ

ねんきんネットで確認した金額が思っていたより少ないと感じた人は、まずは**納めていない期間がないかを確認**してみましょう。

たとえば、学生のときに**学生納付特例**の申請をしていて、年金を納めてなかった場合が考えられます。学生納付特例制度は[*2]、「学生の間は支払いを待ってあげますよ」という制度なだけで、**支払う義務がなくなるわけではありません**。10年以内であれば、支払っていなかった期間の分を今からでも納めることができます。

フリーランスの人や過去に休職をしていたり、自分で納める必要があったのに高いのであえて納めていなかった人は、特に気をつけなければいけません。

そのような人は、必ず自主的に納めなければならず、**あまりに納めていない期間が長くなってしまうと、もはや年金自体がもらえなくなってしまう**かもしれません。

あとから納めた場合、フリーランスであっても、会社勤めであっても、確定申告や年末調整などで所得税の控除（年末調整や確定申告で税金を減らす材料となる）になるというメリットもあります。納めていない期間があるならば、将来のためにも、今からでも少しずつ納めておくようにしましょう。

とはいえ、私たち世代はもらえる年金自体が、もしかしたらそこに書いてある金額より減少するかもしれないということを心に留めておかなければならないのですが……。

#「年金を払うべきかどうか」の最終結論

このままもらえる年金はどんどん下がってしまうのかどうか……。

さすがに制度自体がなくなることはないはずです。

しかし、私たち、そして私たちの子供世代が高齢者になる頃には、少子高齢化もさらに進み、私たちのための保険料を納めてくれる働く世代も減ってしまい、もらえる年金は、もしかしたら今よりすごく少なくなるかもしれません。また、受給年齢（年金をもらえる年齢）が70歳、80歳など、さらに引き上げられてしまい、年金がもらえる年齢になるまで長生きできなかったという人が出てくることも考えられます。

そんなことを考えていると、つい「払いたくないな」なんて思う人もいるでしょう。

しかし、**年金はハタチになったときから、法定的に義務として払わなければならないもの**です。また、今の自分に何かが起きて障害年金・遺族年金が必要になってしまう可能性もあります。

私たち世代は、年金に対してはあまり希望を抱かない。でも、払わないといけない（会社員だと、そもそも払わざるを得ないのですが……）というスタンスでいるしかないのです。

また、年金についての政策を考えるのは、政治家です。となると、選挙をはじめ、**政治としっかり向き合う**こともとても大事になっていきます。

「年金がもらえるから老後は安心」と思っている人はきっといないと思います。

何より大切なのは、私たち世代は将来年金制度がどうなっても、生活に影響がないくらいのお金を自分でしっかり用意しておこうと心得て、準備しておくことです。

税金高すぎ！若い人ほど高いって本当？

税金の使い道と聞いて、何をイメージする？

「年金」の次は「税金」です。

こちらも、毎日接していると言っても過言ではないお金の制度です。

働けば所得税がとられて、買い物をすれば消費税がとられる。

税金というと、まず最初に思うのが「とられてる！」というイメージですよね。

ついマイナスに思ってしまう背景の1つには、私たちが「税金とはどういうものなのか」をちゃんと理解しきれていないということがあります。

税金が何に使われているかを考えたときに、政治家や公務員のお給料、生活保護の人のための給付金など、他人に使われているものばかり思い浮かんできませんか？

でも、決してそんなことはありません。

そもそも税金は、**「日本の社会を支える会費」**のようなものだと考えてください。

税金という形で集めた会費は、学校だったり、病気やケガを治すための医療だったり、私たち日本に住んでいる人、みんなのために使われています。

公立の学校に学費を払わず通えるのも、地域の図書館が無料で利用できるのも、急な事故や病気のときに救急車が無料で使えるのも、病院で払うお金が全額負担じゃなく済んでいるのも、税金として集めた会費のおかげ。

「自分はあまり関係ない、ただ払っているだけな気がする」と感じてしまいがちな税金ですが、**税金のお世話になっていない人なんて、実はほとんどいない**のです。

税金は何に使われているの?

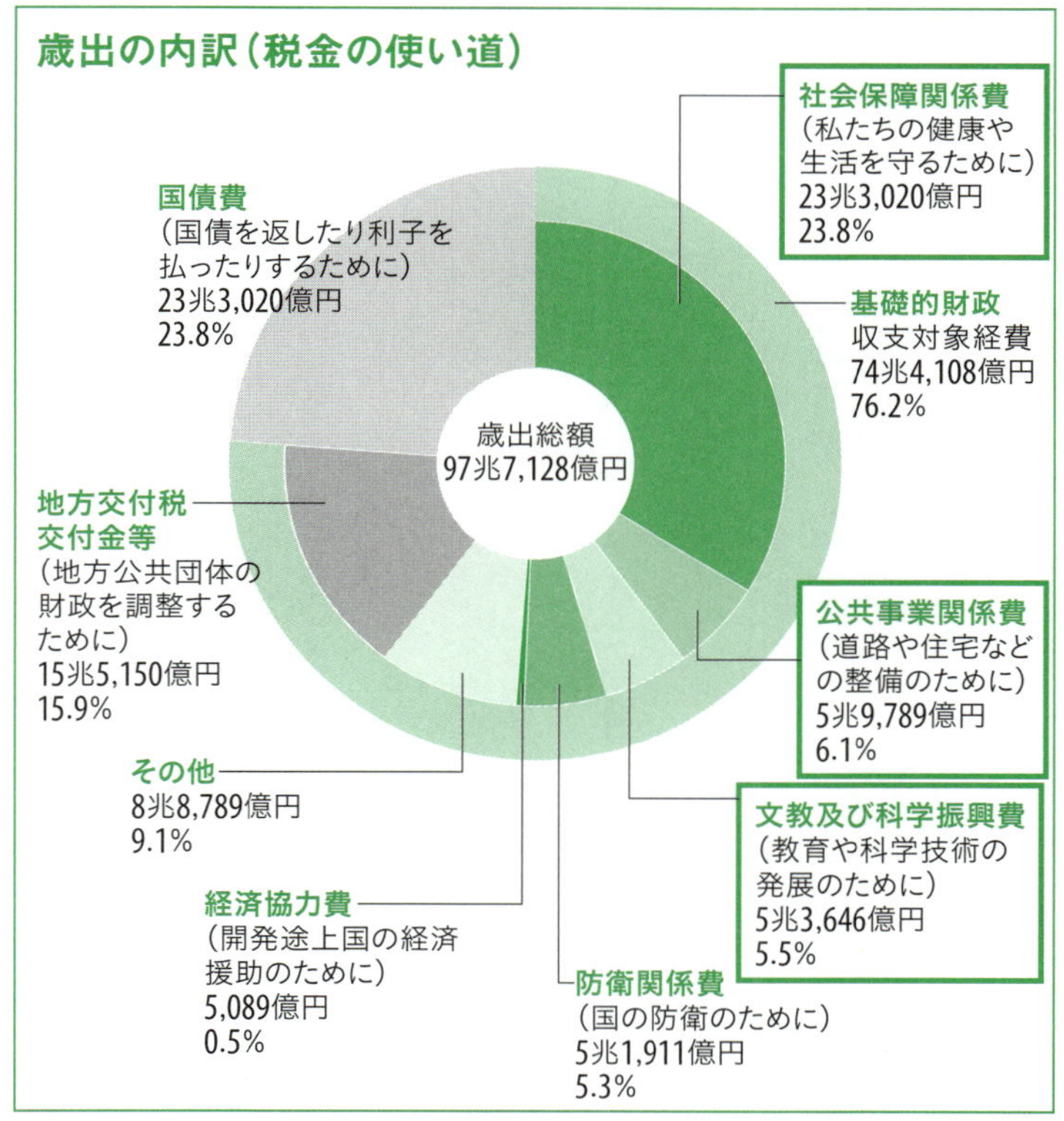

《出典》国税庁HP:https://www.nta.go.jp/taxes/kids/hatten/page04.htmを基に作成。

#税金の種類と特徴、知っておいたほうがいいポイント

そんな税金ですが、細かく分類すると、わりと頻繁に金額や仕組みが変わっていたりします。

日本に住んでいて何かを買えば、どんなに小さな子供でも支払っているものと言えば**消費税**です。消費税は1989年に3%、1997年に5%、2014年に8%と増えていき、2019年には10%となります。10%の場合、1万円買えば税金だけで1000円！　高めのランチ1食分です。

やはり、今までと比べて高く感じるのは間違いありません。

なぜ消費税はこんなに徐々に増えていっているのかというと、簡単に言ってしまえば、消費税は特定の人に負担が集中せずに、国民みんなで広く負担することができる回収しやすい税金だからです。

他の国と比べると10%は決して高い税率ではないのですが、社会保障や経済状況の

実感を相対的に考えると、「税金を使ったサービスの充実度に対して、税金が高い」と思ってしまう人がいるのも仕方がないですよね。

一方で、**所得税や住民税は、稼いだ金額によって納めないといけない、金額が変わる税金**です。特にこの2つは、知らないと損をする仕組みをいくつも抱えています。

いくら稼いだかだけではなく、「家族の構成」[*3]（養っている人数が関係）や「どれだけ病気やケガや保険にお金を払っているか」[*4]（医療費控除。同じ家計で暮らしている家族も含めて医療費が10万円以上だと医療費控除が受けられる。交通費込み）、「社会貢献のための寄付をしているか」（たとえば、ふるさと納税[*5]）などなど、それぞれの生活に対応して金額が変わるのが大きなポイントです。

こうしたいわゆる「控除」を受けるためには、確定申告や年末調整でしっかりと必要な書類をそろえて提出する必要があることは、皆さんもなんとなくご存じのはず。

#納めた税金の恩恵は、世代間で大きな差がある!?

税金に関しては、稼いでいる額が多いほど、納めている金額も大きいと言えるかもしれません。

とすると、年齢はあまり関係がないように感じますが、私たちが納めている税金が何に使われているかを見ると、**若い世代のためにあまり使われておらず、受けている恩恵に対して納めている税金のほうが高い**可能性があります。

これが、一番気になるところです。

税金の使い道のうち、より多くの割合を占めているのは、「社会保障関係費」です。つまり、年金、医療、生活保護など、生活や健康のために使われています。そして、社会保障費の中でもより多くを占めているのが**「年金・医療への支出」**。すべてとは言いませんが、これらのほとんどが高齢者のための社会保障です。

一方で、**少子高齢化や雇用労災対策**など、私たち世代やこれからの世代の社会のために使われているのは、ほんの少しです。

人口も減り、日本として深刻な状態の中、「少子化対策に力を」とよく聞こえてはくるものの、実際に少子化対策に税金が使われている割合は、生活保護などの保障費よりも明らかに少ないのです。

医療機関によくお世話になっている人や少子高齢化対策の制度をフルに活用してい

納めた税金の恩恵は、高齢者のほうが多く受けている!?

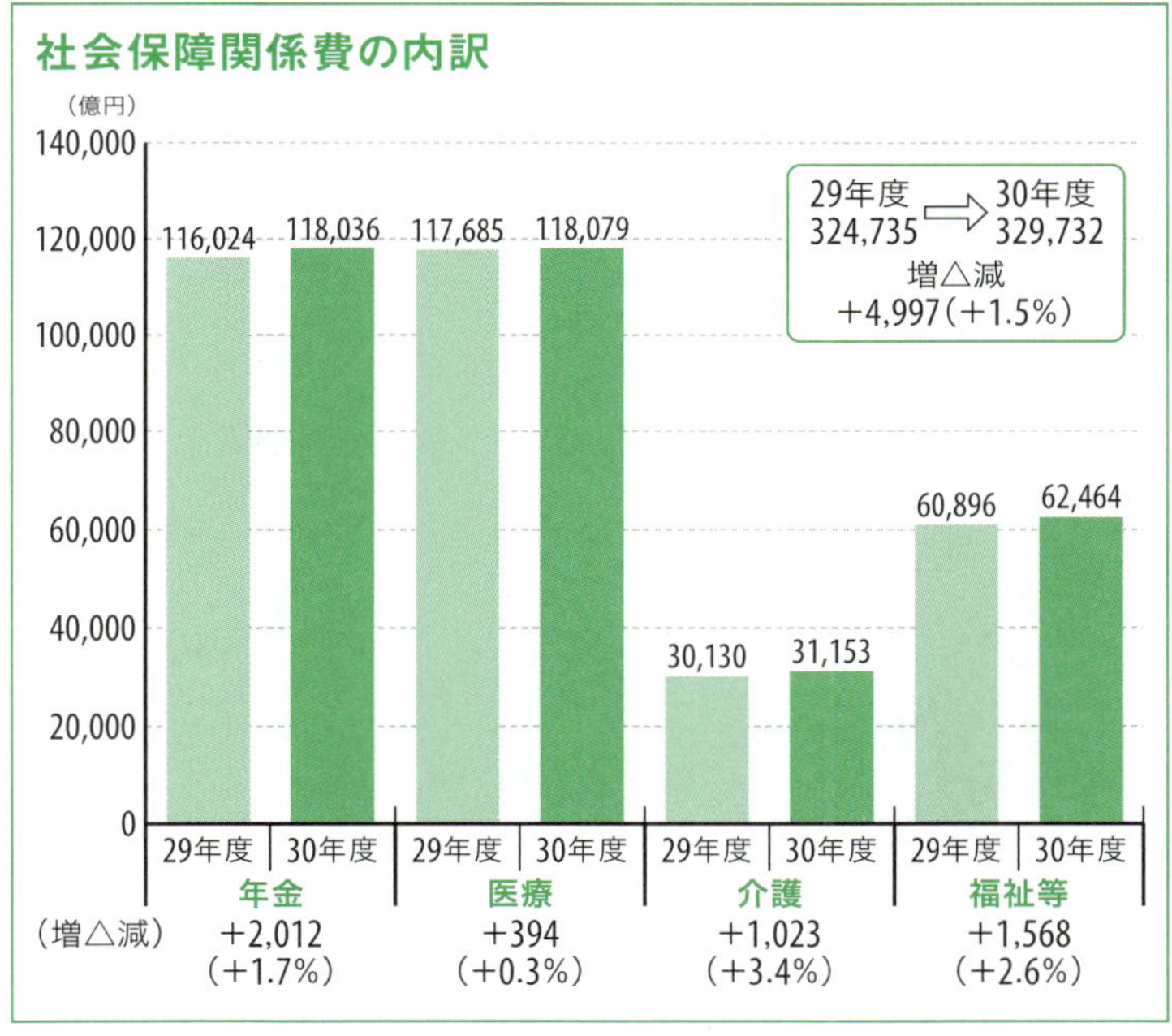

《出典》財務省「平成30年度社会保障関係予算のポイント」を基に作成。

る場合は、もしかしたら元がとれているかもしれません。

しかし、こうした数字から見ても、私たちが今納めている税金のほとんどが高齢者のために使われており、残念ながら、**私たちミレニアル世代やこれからの世代のためにはほとんど使われていない**ことがわかります。

確かに、人口構成から考えれば、子供より高齢者の割合のほうが高いので、しょうがない面はあるかもしれません。ただ、割合としては少なかったとしても、満足のいく状況をつくってもらえているのならいいのです。

しかし、実際に子供を持つことが金銭的に不安であきらめている人がいたり、待機児童問題や進学の際の学費問題などの悩みがまだまだ尽きず、多くの人が不満を抱えている現状だとすると、果たして、この現状のままでいいのでしょうか？

私たち世代のための制度がまったくないわけではないですが、景気が悪くなっていく中でどんどん増えていく税負担に対し、私たち世代が受ける恩恵は少ない。つまり、「受ける恩恵のわりに税金が高い」と言っても過言ではないでしょう。

日本経済から見るこれからの日本のお金事情

戦後経済史をざっくり振り返る

ここでは、私たちが生まれる前から最近に至る出来事も振り返りつつ、日本の経済という側面から、私たちミレニアル世代とお金のかかわりを確認していきます。

日本経済は、第二次世界大戦敗戦後の**戦後混乱期**を経て、**高度成長期**を迎えます。ちょうど私たちの親世代が生まれた頃でしょうか。

高度成長期[*6]がどのくらい景気が良かったのかをものすごく簡単に表現すると、バブル崩壊後、マイナスばかりだった指標が、当時は毎年増え続け、前年より10%以上増

えることが何度もあったような時代でした。今では考えられないことです。

また、この時代には「所得倍増計画」という政策も施されたことから、国民の所得も前年に比べて毎年20％近く大幅に増えていたとされています。１９６０年代には、日本は世界第2位の経済大国と言われるまでになりました。

そして、そんなどんどん成長する日本経済の状況も落ち着き、１９８６年にはいわゆる**「バブル経済」**の時期を迎えます。

#「バブル経済」って何だ？

皆さんもなんとなくバブル時代の話を聞いたことがあると思いますが、社会全体の景気も良く、この時期はお金持ちだけでなく、普通の人でもお金を使うことがブームのような流れでした。

いろんな場面で耳にする「バブルの頃はね……」という言葉。その頃は景気が良かったと聞くけれど、どのような社会情勢だったのかは気になりますよね。

平成バブルは、1980年代後半から1990年代初めに起こった好景気の時期です。ちょうど私たちの親世代が若手としてバリバリ働いていた頃でしょうか。

「好景気」とは、お金の回りが良く、経済が潤っている状態のことを言います。逆に「不景気」とは、お金が回っておらず、経済が潤っていない状態を指します。

バブル当時の社会は、今の私たちからすると、想像がつかないことばかりです。

土地は高くて一戸建ての家は買えないけれど、その代わりに、海外旅行に何度も行ったり、高級車を買おうと考える人が多くいたと言います。

実際に1985年から1990年の5年間で海外旅行者数[*7]は約500万人から約1000万人と2倍に増え、自動車の販売台数も、国産だけではなく、フェラーリやベンツなどの高級外車も、お金がある人はこぞって買ったような時代でした。

また、映画やテレビで一度は見たことがあるディスコもブームになりました。大人だけではなく、学生をはじめとする多くの若者もそういったところで大金を使っていたようです。

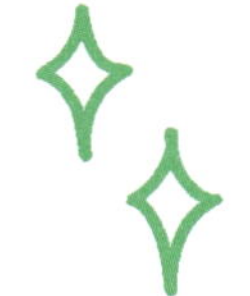

#バブル世代にミレニアル世代のお金の苦労がわからないのは当然

しかし、そんないい時代も長くは続きません。**1991年にバブルが崩壊**してから、日本の経済成長は停滞してしまい、長く続く不況、**「失われた20年」**というなんとも悲しい呼ばれ方をする時代に入ります。

ちょうどバブル崩壊後の一番ひどい状態だった、私たちミレニアル世代よりちょっと上の人たちが大学生、社会人1、2年目ぐらいの頃からは、**「就職氷河期」**（就職したくてもできない人が多かった時代）や「リストラ」というように、仕事や収入を得ることすら困難な事態も起こるようになりました。

私たち世代はバブル崩壊後の「失われた20年世代」です。
バブル崩壊直後の就職氷河期や急激な株価の下落（日本の企業の成績が悪くなっている）と土地の値下がりなどによる景気がどんどん悪くなるショックは直接体験してい

ないものの、そういったものの影響で日本経済がどんどん縮小していき、景気が後退していく中で成長してきました。

もちろん景気の良かった時代を経験してきたすべての人が、お金に余裕のある暮らしをしてきているわけではないのは確かです。

しかし、極端な話ですが、私たちがいわゆる発展途上国の人たちが抱えている貧困に悩まされる暮らしが想像できないように、社会が潤っていた時代にそれなりに稼ぎが保証され、今後の生活のための蓄えをすることができ、それが今でも続いている上の世代の人たちには、**私たち世代のお金の苦労はなかなか理解することができなくて当然**なのです。

#なぜ今の若者は、お金を使わないのか？

1990年代以降、2000年代を迎えて景気が良くなった時期はあったものの、2000年代後半には世界的な金融危機、2011年の震災などを受けて、私たちの実感として感じられるくらいに景気が良いほうに回復していくこともなく低迷してい

る時期が続き、良くなる兆しがなかなか見えません。

景気が悪くなっていくことで企業も雇う人の数を減らし、派遣社員（派遣会社から派遣されている社員。雇用の契約は派遣会社）のようにいつでも都合のいいように解雇することができる非正規社員（パートや契約社員など、正社員以外の雇用体系）が増加。

昔のような年功序列（年次が上がるにつれてお給料も上がっていた）で、もらえるお給料が増えていくというわけでもないのに、消費税の増税や少子高齢化の影響で働く世代の社会保険料の負担率も増加し、**手元に残るお金は減っていく**という状況。

そんな背景もあり、私たち世代は派手にお金を使おうとするようなことはせず、**お金に対して無意識に堅実で慎重であろうとしている人が多い世代**になったのです。

今の若者が上の世代に比べて、趣味がないのでも、物を買いたくないわけでもない。経済史の流れを見れば、それもまた、当然のことなのです。

#「失われた20年」は、まだまだ延長中!?

私たちミレニアル世代が物心ついた頃は、この「失われた20年」ど真ん中。「景気

が良くないのが当たり前」の時代を生きてきました。

もちろん、今に至るまでも景気を良くするためにいろいろな政策がとられ、データとしては好景気と言われていたときはあるものの、お給料が大幅に上がったり、消費がしやすくなったりというように、私たちに実感があるほど景気が良くなっているとは言えません。

そんな状況を振り返って、**1991年から2021年の間を「失われた30年」**と呼んでもおかしくない状況であるとも言われています。

もしかしたら、私たちはこのままずっと「失われた○年」を生き続ける世代になってしまうかもしれません。

また、皆さんも街で中国の方たちが大量に買い物をしているの見かけたことがあるのではないでしょうか。

世界有数の経済誌「フォーブス」が毎年発表する「フォーブス・グローバル2000」という世界の会社ランキングで、2018年に1位、2位を占めるのは、中国企業です。日本企業では12位にトヨタ自動車、37位に三菱UFJフィナンシャル・グループ、39位にソフトバンクグループなどがランクインしていますが、中国企業のほうが数多く上位にランクインしています。

その他の有名な経済誌でも、今では日本企業よりも中国企業のほうが多くランクインしているのを踏まえると、経済の勢いで言えば、いわゆる「爆買い」できるくらい中国のほうが景気が良く、勢いがあるのかもしれません。

#社会がなんとかしてくれる時代は来ない。だから……

バブル経済が当時は「空前の好景気」と言われていたように、いろいろな原因が重なって、いきなり日本の景気が良くなる可能性もあります。

しかし、たとえ良い状態になったとして、過去を振り返ってみても、良い状態が長く続くかと言ったら、きっとそうではありません。

さらに、私たちがこれから直面するであろう日本の抱える問題を考えると、少なくとも私たちが生きている時代は、みんながお金に余裕があると心底思える程度に日本経済全体がすごく潤うことは難しいというのが現実です。

政策として経済を良くする動きがあったとしても、実際に普通に生活している私たちに良い状態として届くまでにはタイムラグもあります。

今を生きる私たちは、**「今はお金もなくて大変だけど、きっとそのうち社会がどうにかしてくれる」と思って待っているだけではダメ**なのです。

「失われた」と呼ばれる時代を、生きていかなければいけない私たち。

決して明るくない日本の未来のお金事情の中で、この日本で不自由なく、好きに暮らしをしていくには、日本の経済がどういう状況であっても振り回されることがないようにという意味でも、**自分のお金と向き合っていかなければなりません**。

ミレニアル世代が絶対持っておくべきお金の意識

抱える「お金の問題」に向き合うのは、早ければ早いほど損をしない

繰り返しになりますが、私たちミレニアル世代が上の世代に比べて何より意識していなければいけないのが、自分たちを取り巻くお金と向き合うことです。

受験生を思い浮かべてみてください。

模試を受けて、その結果が行きたい志望校の偏差値に達していなかったら、そのギャップを埋めて合格するために、一生懸命勉強しますよね。

できていない自分と向き合うのはすごくつらくて勇気がいることですが、そこをし

っかり乗り越えられないと、志望校へ合格することはできません。

お金もまさに同じです。

誰でもできていないことに向き合うのは苦しいものです。銀行の残高やクレジットカードの明細を見て、「自分にお金がない」という現実や「たくさん浪費してしまっている」という現実と向き合うのは、とてもつらいですよね。

しかし、**お金のことほど、向き合うのが早ければ早いほど得をする**と言っても過言ではありません。

極端な話、借金が膨れて自己破産してしまうような人も、あと少し早く現実と向き合い、身のまわりのお金をしっかりと整理することができていれば、自己破産までいかなくて済んだ可能性だってあります。

私の好きな言葉に、**「行動しなかった後悔は、行動した後悔より深く残る」**という言葉があります。

「あのとき、こうしていれば」という後悔をしても、お金は返ってこないことがほとんどです。こうしたお金の後悔は、もしかしたら人間関係より取り返しがつかないかもしれません。

#「ヤバい」を「どうにかしなくては」に変える

「お金のこと＝考えたくないこと」という考えが、無意識のうちに多くの人の心の奥底に根付いており、とても身近で大事なことなのに軽視しがちな現状があります。

個人個人の身近な問題として、奨学金の返済が苦しかったり、節約してやっとの生活をしていたり、結婚式を挙げたいのにお金がなくてあきらめていたり、良くないとわかっているのにカードでの買い物がやめられなかったり……。

それぞれが抱えるお金の問題は本当にさまざまです。

しかし、「こういう現実にあるのだ」「こういう背景にあるのだ」と知って、受験と同じように、**傾向と対策をしっかりと考えれば、必ず状況は変わります**。

なんとなく「ヤバい」という気持ちだったのを、「どうにかしなくては」という気持ちに持っていくことが大事なのです。

#デジタルネイティブという武器を最大限活用する

いきなり景気を良くしたり、金回りを良くしたり、国の制度を変えることは不可能です。でも、私たち一人ひとりが当事者意識を持つことで、自分やその友達、その友達の友達と、きっとまわりにも良い影響を及ぼして、少しずつですが変化していくはずです。

昔は家計簿と言えば、紙のノートに自分で工夫して毎日つけなければなかったり、銀行の残高を確認するには銀行のＡＴＭがやっている時間に記帳しに行かなくちゃいけなかったのが、今は全部スマホ１台で完結してしまいます。

昔と比べて、何もかもが今すぐできる、とても便利な時代になりました。きっとこれからもっと便利になっていくでしょう。

私たちミレニアル世代は、幸いにもデジタルネイティブ、スマホネイティブ世代です。

お金のことは「知る」ことがとても重要な中、**いろいろな媒体を使ってたくさんの情報を自分でささっと調べてゲットして、それを取捨選択するスキルが染みついている世代**なのですから、せっかく身についているそのスキルを生かさなければもったいないですよね。

何度もお伝えしていますが、お金と向き合うことは、選択肢を増やすことです。そして、自分で行動しなければ、その選択肢を増やすことすらできません。

たとえば、若い人ほど、本を買わないと言われています。

確かに本1冊分、1500円ほどだったとしても、いつもよりかなり豪華なランチ1食分食べられる値段ですよね。

しかし、そのかなり豪華なランチ1食分を我慢して、**この本を買ってみただけでも、自分のお金と向き合っている大きな第一歩**です。

まずはこんな些細（ささい）なことからでも、自分の人生の選択肢を増やしていきましょう。

次の章からは、ミレニアル世代を取り巻く環境を踏まえて、もっともっと具体的に、一緒にお金と向き合っていきたいと思います。

第2章

リアルなお金×ライフスタイル

そもそも
私たちが人生で
使えるお金って
どのくらい…？
今は共働きも
当たり前に
なりつつあるよね
でも、
子供のこと、
老後のこと、
結構なお金が
かかりそう…
アラサーにも
なると、
「保健」「家」「車」
とかも
話題になって
くるよね〜
けど、ブラック企業も
なくなりつつあるし、
「シェアリングエコノミー」
とか新しい制度が
「ミレニアル世代」の
味方をしてくれるん
じゃない!?
ヒヒーン
誰!?

私たち世代は一生にどれくらいお金を使う?

ひと昔の年収400万円の人より、今の年収400万円のほうが手取りは少ない

ミレニアル世代は、まだまだ長い時間人生を歩んでいき、いろいろなライフイベントを迎えます。ニュースや雑誌などでよく見聞きする「生涯賃金、○億円!」という言葉は、良いことのように感じるけれど、いまいちしっくりこないという人も多いのではないでしょうか。

生涯賃金とは、働き始めて定年を迎えるまでの収入を指します。

「億」とつくと、なんだかすごい大きい金額をもらえるように感じますが、何十年も

働いて、ボーナスと退職金なども含めた生涯の合計の金額の話です。

なお、これは収入だけなので、税金や社会保険、毎月の生活費を引かれることを考えると、手元に残るお金はもっと少ないはずです。

将来のお金を考えるときには、もっと身近な金額に落とし込んでいかなければなりません。

20代前半から40年間、手取り20万円の中から月2万円、ボーナス年2回から合わせて10万円貯金したとして、60代になって貯まっているのは約1400万円程度です。

これは、40年間まったくこの貯金に手をつけていなかったとしたらの金額です。

もちろん、この数字はそれぞれの生活や資産状況によって大きく異なります。

夫婦であれば倍になり、さらに貯金額を増やせば当然金額も増えます。勤めている会社によっては年数を経ていくことで収入が上がったり、会社の成績が良くなり、いきなり収入が増えることもあります。また、財形貯蓄（会社がお給料からの天引きでお金を働かせて運用してくれる）などでお金を貯めていたり、投資や副業による副収入がある場合もあるでしょう。

しかし、少子高齢化などのことを考えると、**さらなる増税や社会保険料負担の増加、**

将来もらえる年金の減少といったように、**私たちの手元に残るお金が、これからどんどん減っていく**可能性は大いにあります。

実際、今の月収が20万円でも社会保険料で約3万円も引かれていたり、2003年からボーナスにも社会保険料がとられるようになったり、消費税も2019年には10%になり、2019年からは海外旅行へ行く際に税金がかかり、2024年度からは住民税に森林環境税が上乗せされたりと、20年近く平均給与があまり増えていない中で、払わなくてはいけないものがたくさんあり、今後もっと増えていく可能性があります。

つまり、数年前の年収400万円の人よりも、今の年収400万円の人のほうが手元に残るお金がは少ないのです。

何もしなければ、単純に減っていく時代だから

税金や社会保険料、年金など、今たくさんとられて苦しい思いをしながらきちんと

払っている分、満足のいく保障が受けられるのか?

それは、限りなくNOに近いでしょう。この判断に異論がある人がいるなら、ぜひ教えてほしいぐらいです。今、実際に病気や事故で若いうちから社会保障をたくさん受けている人ももちろんいるはずですし、社会保障に該当するのであれば平等に受けるべきですが、苦しい思いをして納めた分だけの満足のいく保障が、将来私たちが受けられることはほぼないでしょう。また、子供のために数千万、老後の生活費に数千万と言われる中、ただ何も考えずにお金を貯めているだけでは、どこかのタイミングで必ずお金が足りないという状況が訪れてしまうはずです。

そう考えると、悲しいことですが、**私たち世代が一生で使えるお金は、もらったお給料をそのまま使って、何もしないままで過ごしていると、もはやトントンか、マイナスに近い、とても苦しい状況にもなる**でしょう。

それを変えていくのであれば、「これから自分はどのような生活をしていくのか」「収入を増やす選択肢を選ぶべきなのか」「ただ貯金するのはなく、投資をしてお金を増やしていくべきなのか」など、今から自分たちの一生で使えるお金について、**自分が理想とするライフスタイルとともに、いろいろ考えていかなければなりません。**

将来のために お金は貯めたほうがいい?

人生のイベントごとにかかるお金を シミュレーションしてみた

「普通の一般的な人生」にはお金がかかります。
皆さんの中にはすでに結婚して子供がいる人もいるかもしれませんが、まずはここで、**予測しうる将来のライフイベント**にどのくらいのお金がかかるのかを考えてみましょう。

①家賃

まずは家賃の相場ですが、**東京なら一人暮らしであれば10万前後**、家族向けであればその1・5倍くらいがだいたいの相場でしょう。家賃は都道府県によってかなり変わってきますが、少し繁華街から離れれば、がくっと安くなりますし、築年数が新しかったり、家が広くなるほど、もちろん家賃も高くなります。

また、最初に家を借りるときには、家賃だけでなく敷金や礼金など、だいたいそれぞれ家賃の1カ月分、そして、家賃に加えて毎月の管理費もかかったりします。

すでに一人暮らしをしている人は、家賃が結構な出費であることは、身に染みてわかるでしょう。

とはいえ、家を買うにもだいたい家賃と同じ感覚で毎月ローンの返済があるので、どちらにせよ、家の費用は数万円で済むものではなく、かなりの出費になります。

②結婚式

次に、多くの人が迎えるライフイベントの1つ、結婚式。結婚式は、場所はもちろん、呼ぶ人数やどういった料理を出すか、披露宴をやるかどうかで、大きく金額が変わります。

写真だけといったように、すごくシンプルに済ますのであれば、10万円もしない程度に収めることもできますが、皆さんがイメージする一般的な結婚式は、**数百万円かかる**のが普通です。自分で捻出するとなると、結構ハードな金額ですよね。両親にも協力してもらうというケースが一般的でしょうか。

③子供

結婚して子供が生まれたら、ピアノやスイミングといった習い事をさせることもあるかもしれません。習い事も、年間で考えれば、数万円単位が普通です。

子供はどんどん成長します。公立であれば小中高と学費はかかりませんが、給食代や教材費など、まったく費用がかからないわけではないですし、大学まで行かせるとしたら、**1000万円**近くかかります。

もし私立に行かせることになったとしたら、1000万円を超えるのが普通で、長い期間私立へ行かせたり、大学の学部によっては数千万円になる可能性もあります。

受験のために塾や予備校に行かせるとなると、さらにプラスアルファがかかります。

できれば子供にも好きなことをさせて、好きな学校を選ばせてあげたい。親としてそう思う人がほとんどかと思いますが、それを叶えるには、かなりのお金が必要になります。

④老後

自分自身がおじいちゃんおばあちゃんになったときのことも考えなければなりません。仕事を引退した後、年金は2018年現在で月約14万円です。退職金があったり、現役時代の収入によって収めている年金保険料も異なるので、将来もらえる金額も変化しますが、私たちが老後を迎えるときにはそもそもベースとなる金額がもっと減ってしまっているかもしれないと考えると、**現在お給料としてもらっている収入よりも少なくなる**かもしれません。

#「貯金」という言葉が嫌いな人へ

本当にざっくりとした形で、人生で起こるイベントにかかるお金についてシミュレ

ーションしてみましたが、いかがですか？

普通の人生を送るのも、当たり前ですが、めちゃくちゃお金がかかるんです。ミレニアル世代は、まだまだこれからいろんなイベントが待ち受けているのですから、将来のためのお金は絶対必要です。

もちろん、将来の自分のために、今の自分のためのお金を使うなとは言いません。

たとえば、**若いうちの人付き合いはとても大切**で、何気ない食事の場が縁になっていい仕事に出会えたり、いい恋人に出会えるなんてことは珍しくありません。

あまりに節約に意識がいくことによって、付き合いの悪い人になりすぎたりすると、すごくいい機会を逃してしまうことになりかねません。

お金は選択肢を増やすものです。１秒先の自分の選択肢を広げるためにも、お金は貯めていく必要があります。一方で、すぐ先の自分のために、遠い将来の自分のためのお金を使って、残高ゼロ、所持金ゼロにしてしまうのももちろんＮＧ。

うまくバランスを取って、将来のためのお金を貯めていかなければなりません。

「貯金という言葉が嫌い」という人は、「使えるお金を残していく」と考えてみると、意識が変わるかもしれません。

共働きが当たり前世代の結婚観

#共働きを前提に考える

ひと昔前の結婚生活というと、旦那さんが稼いで、奥さんは専業主婦。そんなイメージでした。当然、旦那さんの収入が頼りの生活です。

もちろん、今でも旦那さんが一人で家計を支えている家庭もありますが、**一世帯当たりの平均所得が約500万円**の現代において、結婚、子育てと、家庭を築きあげていくにあたり、旦那さん一人で家計を支えるのが難しくなってきているのも事実です。

今はそういった家庭よりも共働きで家計を支えている家庭のほうが多くなってきています。

この[*8]10年でも、平成19（2007）年には結婚して働く人の割合が50・7％だったのが、平成29（2017）年には65・5％と、**結婚後も働く女性の割合は15％も増えています**。以前より多くの女性が、結婚しても仕事を続けるようになってきているのです。

#リスクヘッジとしての共働き

共働きのメリットと言えば、何と言っても、二人で家計を支えられることです。

一人で家計を支えている場合、どちらかが病気やケガで働けなくなったときに、その人が働けないと、家庭の収入がなくなってしまいます。

それまでの貯金があったり、保険に入っていれば保障があったり、障害年金などがあれば、生活するためのお金が完全にゼロになってしまうことはないかもしれませんが、やはり子育てや老後など、将来のことを考えると、現状では**1本の柱で家計を支えていくのはなかなか厳しい**ように思います。

いわばリスクヘッジ（リスクに備えること）としても、収入の柱は2本あったほうが

安心です。

それに、雇用が不安定な社会では、夫婦どちらかが派遣社員といった有期雇用労働者（雇われている期間が決められている労働者）というケースも珍しくはありませんし、いつ自分がそういうケースに直面するかもわかりません。

一般社団法人日本人材派遣協会の調査によると、**30年前と比べて、有期雇用労働者の割合は約20％以上の割合で増加**しています。

派遣社員は、基本的にはボーナスも出ず、有給休暇の取得や交通費の支給といった面でも正社員より待遇が良くありません。

夫婦の片方が安定した正社員であれば、万が一雇用の契約を切られてしまった場合や、転職活動で働けない期間があったとしても、その間、少し家計はきつくなるかもしれませんが、相手のキャリアアップのための時間を持つことができ、家計が一気に不安定になることもないはずです。

出産を機に仕事は辞めないほうがいい

また、**女性は妊娠・出産でどうしても働くことが難しい期間があります**。その際には産休や育休をとって、手当をもらおうと思っている人がほとんどですよね。

給与の3分の2から計算される一定額の支給があるだけでなく、**その間の社会保険料の支払いを免除**されるなど、働けない期間にはとてもありがたい経済的支援です。

しかし、これは、**健康保険や雇用保険に加入していないともらうことができません**。他にも、同じ会社で1年以上雇用されていること、休業前の職場に復帰することを前提とするといった条件もあります。

でも、もし妊娠を機に会社を辞めてしまっていたとしたら、すべてもらうことができません。

だから、女性は出産を機に会社を辞めることは、できる限り避けたほうがいいのです。

産休・育休で受けられる金銭的メリットは？

産前・産後休業中、育児休業中の経済的支援

名称	内容	問合せ先
出産育児一時金	健康保険加入者が出産したとき、1児につき42万円（産科医療補償制度加算対象出産でない場合は40万4000円）が出産育児一時金として支給される	詳しくは ・協会けんぽ ・健康保険組合 ・市区町村　等へ
出産手当金	産前・産後休業の期間中、健康保険から1日につき、原則として賃金の3分の2相当額が支給される。ただし、休業している間にも会社から給与が支払われ、出産手当金より多い額が支給されている場合には、出産手当金は支給されない	詳しくは ・協会けんぽ ・健康保険組合 等へ
育児休業給付金	1歳未満の子（保育所に入れないなどの事情があれば最長2歳に達する日まで）を養育するために育児休業を取得した等一定要件を満たした人が対象で、原則として休業開始後6カ月間は休業開始前賃金の67%、休業開始から6カ月経過後は50%が支給される	詳しくは最寄りのハローワークへ

※いずれも非課税のため、所得税の控除はなく、次年度の住民税の算定基礎にもならない。

社会保険料の免除

- 産前・産後休業中、育児休業中、健康保険・厚生年金保険の保険料は、会社から年金事務所または健康保険組合に申出をすることによって、本人負担分、会社負担分とも免除される。
- 社会保険料の免除を受けても、健康保険の給付は通常どおり受けられる。
- 免除された期間分も将来受け取る年金額に反映される。

※平成31（2019）年4月以降、国民年金第1号被保険者も産前産後期間（出産予定日から前月から4カ月間）の保険料を免除し、免除期間は満額の基礎年金を保障することとしている。

⇒詳しくは、年金事務所、健康保険組合、厚生年金基金等へ

《出典》厚生労働省「働きながらお母さんになるあなたへ」パンフを基に作成。

受け取るためには、
会社を辞めない
ことだね

女性だけでなく、
男性も経済的支援が
受けられるんだよ

なお、**産休や育休は、派遣社員やパートタイムでも、条件を満たしていれば取得することができる**だけでなく、もちろん男性も育休を取得すれば、給付金をもらうことができます。また、女性と同様に、育休期間中は社会保険料も免除されます。

共働きでそれぞれ産休・育休を取得し、お互い給付金をもらうことができれば、家計的な面でも、夫婦一緒に子育てをするという面でも、プラスになること間違いなしです。

夫婦の形にもいろいろなスタイルがあり、それぞれの価値観によって家庭として必要なお金も大きく変化していきますが、たとえば、子供ができたとして、子供を一人育てるのにも、すごくお金がかかります。

すでに共働きを前提にした家庭づくりは、私たち世代では自然の流れになりつつありますが、幸せな家族を築くために、金銭的な面でも、育児や生活の面でも、旦那さんと奥さんで協力して**二人三脚で頑張る**という考え方が、私たちの世代には必須であり、これからの時代向きと言えるでしょう。

産休・育休を活用して、会社を辞めない！

産休と育休

産休：産前休業と産後休業のこと（誰でも取得できる）
【産前休業】出産予定日の6週間前（双子以上の場合は14週間前）から、請求すれば取得できる。
【産後休業】出産の翌日から8週間は、就業できない。産後6週間を過ぎた後、本人が請求し、医師が認めた場合は就業できる

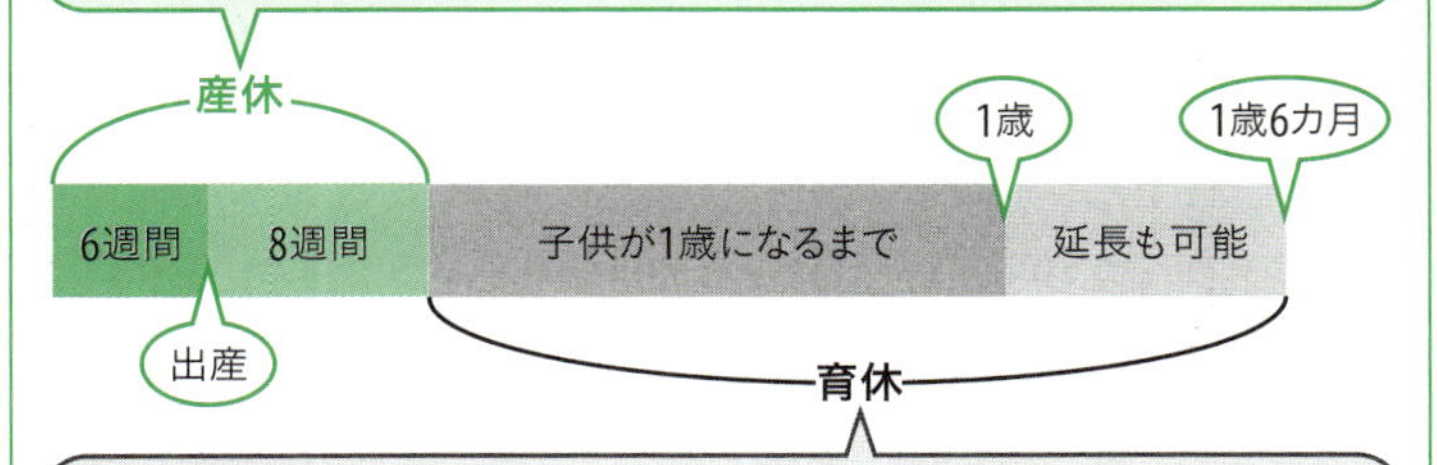

育休：育児休業のこと（取得できる人の要件が決まっている）
（1歳に満たない子供を養育する男女労働者は、会社に申し出ることにより、子供が1歳になるまでの間で希望する期間、育児のために休業できる）
【育児休業を取得できる人の範囲】
①期間の定めのある労働契約で働く人は、申出時点において、以下の要件を満たすことが必要
- 同一の事業主に引き続き1年以上雇用されている。
- 子供の1歳の誕生日以降も引き続き雇用されることが見込まれる
- 子供の2歳の誕生日の前々日までに、労働契約の期間が満了しており、かつ、契約が更新されないことが明らかではない

②以下の要件に該当する場合は、育児休業を取得できない
- 雇用された期間が1年未満
- 1年以内に雇用関係が終了する
- 週の所定労働日数が2日以下

③日々雇用される人は育児休業を取得できない

《出典》厚生労働省HP資料を基に作成

お金がなくても、子供は育てられる？

#生まれる前からお金はかかる

「なぜ少子化が進んでしまうのか？」という質問をすると、「お金がないから、子供を育てられない」という答えが返ってきます。

好きな人と結婚し、幸せに暮らしていたとしても、毎日の生活費や奨学金の返済、日々のやりくりに追われ、子供をあきらめているという人がたくさんいます。

ですが、せっかく子供を欲しいと思っていても、お金を理由にあきらめてしまうなんて、そんなに悲しいことはありません。

お金がなくても、子供は育てていけるのでしょうか。

まずは、どのくらいお金がかかるのかを考えてみましょう。

妊娠がわかったときから、子供にかかるお金の負担は始まっています。

男性にはあまり実感がわかないかもしれませんが、妊娠がわかったら、女性はまず産婦人科へ行くことになります。

妊娠は病気ではないので、保険が利かず、普通の3割負担と異なり、妊娠の検診はすべて10割負担です。

14回程度受けることになる検診は、たいていの自治体は補助券という形で検診費用を負担してくれますが、それにも上限があり、住んでいる自治体によっては負担額に数千円の差があります。その補助の範囲内に収まればいいのですが、超えた金額は自己負担です。

また、2018年4月からは、**妊婦の診療には診療報酬が加算される**ことになりました。この本をちょうど執筆中に、この**「妊婦加算」問題**が話題に上っていますが、数百円程度ではあるものの、妊娠することによる負担は家計にとって軽いものではないでしょう。今後、どういうときに適用になるかなど、いろいろと検討されていくようです。

#住んでいる自治体で、大きく差が出る

一方で、**子供に関する金銭的支援**もあります。

健康保険に加入していれば、**出産育児一時金**として原則42万円（2018年現在）を受け取ることができたり、会社勤めのワーキングマザーであれば、出産で働けない期間のお給料の約3分の2を受け取ることができます。また、自治体や勤めている会社によっては、**出産祝い金**を給付しているところもあります。

金銭的支援ですべてまかなえるのかというと、住んでいる地域やどういった病院を選択するかでも大きく異なります。

子育てに力を入れている自治体であればいろいろなサービスがある一方、都会で豪華なもてなしをしてくれる病院を選べば、その分お金がかかるのも当然です。

育児に関する公的支援は、住んでいる自治体によりかなり異なるので、一度お住まいの自治体のホームページなどをチェックしてみることをおすすめします。

子育てを重視するのであれば、自分たちの住まいも子育て支援が充実しているとこ

ろにするという方法もあります。

#すべて公立に行かせても、約800万円

生まれたあと、どういう学校を選ぶかも、子供にかかるお金の大事なポイントです。小学校から大学まですべて公立へ行かせるのと、すべて私立へ行かせるのとでは、学費を含む必要な教育費が2倍以上異なります。

すべて公立へ行かせたとしても、800万円近くかかります。小学校、中学校の義務教育は、学費自体は公立であれば無償ではあるものの、給食や教材費、PTAの費用、遠足代などは実費で払うことがほとんどです。

私たちが自分以外の誰かのために一番お金を払うのが、この教育費でしょう。

貧困世帯などに対する教育費の支援や、**奨学金制度などを使って家庭の教育費負担を減らすという方法はある**ものの、ある程度は子供の学費のためのお金が必要なのは間違いありません。

すべて公立に行かせても約800万円！

大学卒業までにかかる教育費

（単位：円）

区分	学習費等（※）総額					合計
	幼稚園	小学校	中学校	高等学校	大学	
高校まで公立、大学のみ国立	662,340	1,821,397	1,379,518	1,175,267	2,626,400	7,664,922
すべて公立	662,340	1,821,397	1,379,518	1,175,267	2,697,200	7,735,722
幼稚園及び大学は私立、他は公立	1,610,918	1,821,397	1,379,518	1,175,267	5,267,200	11,254,300
小学校及び中学校は公立、他は私立	1,610,918	1,821,397	1,379,518	2,755,243	5,267,200	12,834,276
小学校だけ公立	1,610,918	1,821,397	3,839,621	2,755,243	5,267,200	15,294,379
すべて私立	1,610,918	8,810,687	3,839,621	2,755,243	5,267,200	22,283,669

《注釈》※幼稚園～高等学校：学校教育費、学校給食費及び学校外活動費の合計。
大学：授業料、その他の学校納付金、修学費、課外活動費、通学費の合計（学費）
《出典》文部科学省HPhttp://www.mext.go.jp/b_menu/shingi/chukyo/chukyo2/siryou/_icsFiles/afieldfile/2013/01/30/1330218_11.pdfを基に作成。

親がどれだけ大変だったか、これでわかるわ

今の年収より高いって人もかなり多いんじゃないかな

#お金が子供の選択肢の数を決める!?

そうは言っても、お金が貯まらないからという理由で、子供が欲しくてもつくらないままでいると、年齢とともに貯金や使えるお金は増えるかもしれませんが、年齢が上がるほど、不妊や高齢出産というリスクも増え、それに対するお金の出費が増えてしまう可能性があります。

広い視点で見ると、子供をつくらないまま少子化が進むと、経済全体が結局悪い方向へ行ってしまいます。子育ての支援を最大限利用し、子供は積極的につくっていくのがやはり一番いいのは確かです。

ただ、1つ間違いなくお金があるかないかで大きく変わるのが、子供が選択できる道の数です。もちろん、資金力がないご家庭で育って、大成功している人たちもたくさんいるのは事実です。

しかし、自分でお金を稼げるようになるまでは、どうしても親が子供のためにお金をかけなければなりません。

自分が小さい頃から大人になるまでにかかったお金を振り返ってみてください。塾や習い事でお金がかかりますし、行きたい学校へ行くのにも、学費を払えそうになければ、あきらめなければなりません。もちろん、自分で働いて学費を稼いだり、奨学金を利用するという方法もありますが、もし自分が同じやりくりをしてきた人であれば、その大変さはきっとわかるはずですよね。

さらに、海外旅行、美術体験、習い事など、もちろんそれがすべてではありませんが、お金がある家庭に比べ、お金がない家庭は、できる体験がとても少なくなってしまいます。子供はあっという間に大人になって、自分の手元を離れていきます。おもちゃを買う買わない程度の些細なことならまだしも、それが本人の将来にかかわる大きな一歩だったとしたら、やらせてあげたいのにできないということほど、もどかしいことはありません。

金銭的な支援にはいろいろなものがあります。たとえ収入が多いにせよ、少ないにせよ、愛情をもって育てれば、子供はしっかり育ってくれるはずです。

一方で、選択肢を増やしてあげることを考えると、少しでも多く子供のために使うお金をつくってあげる努力をするのは、親として必要なことなのかもしれません。

老後にかかるお金は数千万円？

高齢夫婦無職世帯の月の生活費はいくらか？

私たち世代の年齢だと、正直まだ老後のことを言われても、ピンとこない人がほとんどですよね。

私たちが老後を迎える頃には、将来年金がもらえなくなっているかもしれない、定年が70歳に引き上げられるかもしれないといった話もあり、漠然とした不安を抱えている人も多いでしょう。

ミレニアル世代がいわゆる老後を迎える高齢者世代になるのはまだまだ先で、そのその頃には日本の政治や海外情勢なども、正直、今とはまったく異なっているかもしれません。

しかし、その前に、まずは私たちの親が老後を迎えることになります。

自分自身の話としてはまだ身近に感じられないかもしれないですが、一度親がもうすぐ迎えることとして考えてみてください。

一般的に言えば、65歳で定年退職を迎えます。

65歳を過ぎると、ほとんどの人が働かなくなる、つまり、無職になります。

総務省が発表したデータによると、**高齢夫婦無職世帯では、食費、住居費、水道光熱費などの生活費として月に使っているお金の平均が24万円**とされています。

そして、今は人生100年時代です。

65歳から100歳まで生きるとして、35年間。月24万円を12カ月、35年間で計算すると、なんと約1億円という計算結果になります。

多いですね……。

夫婦二人分での計算なので、半分にすれば、それでも一人5000万円ということになります。

平均年収は、夫婦二人合わせて大卒初任給レベルという現実

もちろん、収入もあります。

65歳以上がもらえる収入として一般的なのが、ご存じ「年金」です。

会社員として働いていた人が月に今もらっている年金が約14万円。**二人分にすれば28万円**です。

生活費平均が24万円なので、4万円分収入のほうが多くなりますね。

しかし、会社員ではなく、フリーランスやパート・アルバイトだった人は、国民年金のみをもらうことになるので、金額がガクッと減って、なんと平均で5万5000円。二人合わせても11万円ですから、会社員として働いていた人とはもらえる年金の金額に2倍以上の差が出てしまうことになります。

このように、年金の金額は、どういう働き方をしていたかでも大きく変わってしまいます。

また、これはあくまで平均を使った簡単な計算なので、もちろんもっと少ない支出の人もいれば、収入が多く、納めていた年金保険料も多かったため、もらえる年金がもっと多い人もいます。たっぷり老後の貯金があるなんて人もいるかもしれません。

一方で、借金などの返済があれば、支出がもっと増えることもあるでしょうし、もらえる年金がないという人もいるかもしれません。

実際の平均データ[*9]を見ても、**高齢夫婦無職世帯の実収入は平均約21万円**です。

これは年金だけではなく、仕送りや内職なども含めた金額です。

つまり、単純に年金を二人分にした28万円の金額よりも実際は毎月の収入は少ないのが実態なのです。

年金だけでは人生100年時代は生きられない!?

人生100年時代となり、長生きが前提となる中で、医療も発達していきます。

年をとればとるほど、病院へ行く回数も増えます。長生きすればするほど、医療費

がかかる可能性があるということです。

老人ホームという選択肢もありますが、入居の際に数百万というお金がかかったり、月額で10万円以下のところは割合が低いなど、老人ホームも決して安くはありません。

子供や誰かに料金を払ってもらえれば別ですが、年金から自分で捻出するとなると、なかなか厳しいでしょう。特に、私たち世代はもらえる年金の額が、今よりもっと減ってしまっている可能性が大いにあります。

ですから、なおさら年金に頼っていられません。

一方で、テクノロジーの進化で病院に行かなくてもお医者さんに診察してもらえるようになったり、少子高齢化で高齢者向けの政策が充実していく中で、私たちが老後を迎える頃には、もっと生活費をかけなくても生活できるようになっている可能性も考えられますが、とはいえ、何も対策をしないというのは絶対に危険です。

#とても大きな支えになる退職金

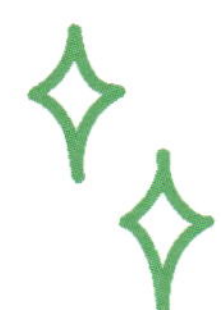

実際には退職の際に、退職金をもらえる企業も多く存在します。5年に一度行なわ

れる退職給付（一時金・年金）制度の支給実態調査[10]によると、**大卒で定年退職した人がもらえる退職金の平均は約1900万円**です。

これは、老後の生活の大きな支えになるでしょう。

ただ悲しいことに、退職金の金額も、給与と同じで年々減少しており、20年前と比べて1000万円近く少なくなっています。

私たちが定年を迎える頃に増えているといいのですが、先のことは誰にもわかりません。大手企業だからと安心していても、私たちが老後を迎える頃には退職金という制度がいきなりなくなっている可能性だってないとは言えません。

もし何かがあったときに、生活のレベルを落としたくなければ、自由に使えるお金がなければならないのは、今も未来も同じ。老後の前にも、結婚のため、子供のためと、数百万円、数千万円単位でお金が必要な場面は幾度となく訪れます。

しかし、これも選択肢を増やすため。老後だけではなく、これから何かあったときのためにも、トータルで考えて備えていくべきでしょう。

収入が少なくても保険は入っておいたほうがいい？

#保険は入るべきかどうか？

働くようになると、必ずと言っていいほど話題になるのが「保険」です。

一概に保険と言っても、いろんな種類があります。

まずは、日本の国民として支払わなければならないのが**「健康保険」**。自営業やパートの人は、自分で納めて、会社勤めであれば、自動的に給料から引かれていますよね。

「健康保険」は、会社員とそうでない人とでは、「仕組み」が違います。

一般的に会社員がお給料から自動的に引かれている健康保険は、お給料の額によっ

て決定されますが、フリーランスやパートなどで働いている人の健康保険は、その人が住んでいる地方自治体などによっても異なります。

自分で入るか入らないかを決めるのが、**民間の保険**です。

民間の保険の中にも種類があります。

病気になったときに関係するのが**「医療保険」**。基本的には、病気やケガの際の入院、手術、通院の際などの保障をするものです。

次に、**「生命保険」**。これは、簡単に言えば自分が死んだときに家族にお金を残すための保険です。

ただし、これらはそれしか保障してくれないのかというと、そういうわけではありません。最低限の保障プランに加えて、特約（プラスアルファでつける保障・サービス）をつけることにより、いろいろな保障を追加することができます。つける特約によって保険料の値段も変わるのがポイントです。

また、**「掛け捨て型」**か**「貯蓄型」**かという選択肢もあります。

その名のとおり、掛け捨て型は、保険料が払った分、返ってくるわけではない、つまり病気やケガにならなければ、支払った保険料が無駄になってしまう可能性もあります。しかし、その分、しっかりとした保証がついていたりします。

一方、貯蓄型であれば、支払った保険料が返ってきたり、ボーナス給付があったりするものの、その分毎月の保険料が高くなったりします。

では、これらに入るべきか、入らないべきか？

ある程度金銭的に余裕がある場合は別ですが、そうではない場合は、毎月数千円の負担をするのであれば、**「ひとまず保険には入らずに、貯金に回す」**というのが正解でしょう。

#絶対知っておいたほうがいい医療制度

日本には、**「高額療養費制度」**というものがあります。

名称がちょっとお堅いのですが、**医療費が高くなったときに、限度額を超えた部分が返ってくる制度**です。

たとえば、年収約400万円の人が入院をして、病院の窓口で支払う金額が30万円だったとしたら、申請をすることにより、自己負担額である8万7430円を超えた

保険を考える前に、まず日本の医療制度をフル活用！

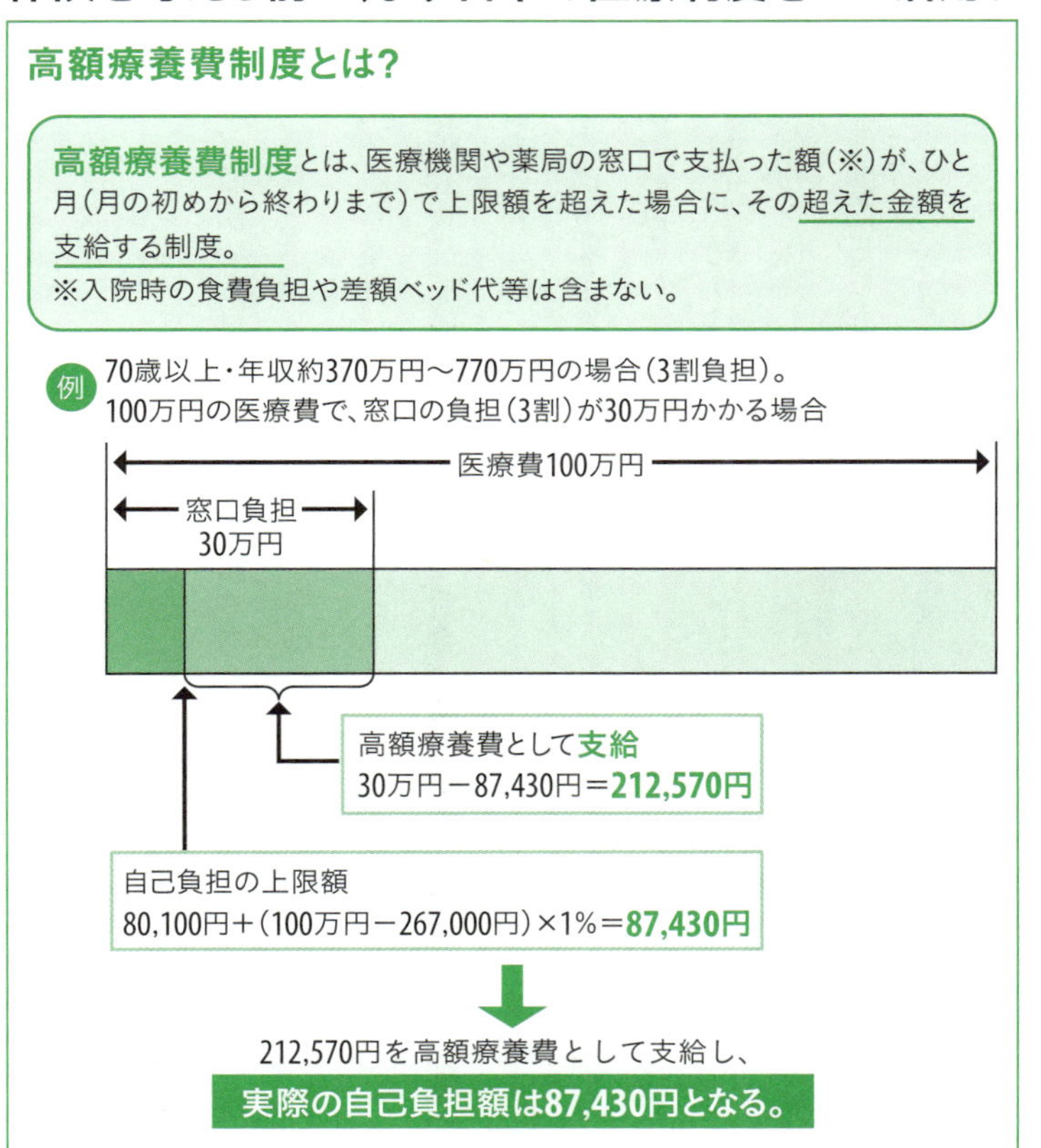

《出典》厚生労働省保険局「高額療養費制度を利用される皆さまへ」を基に作成。

自己負担が
かなり減る、
お得な制度だね!

部分、つまり約21万円が返ってきます。一時の持ち出しがあるにせよ、これだけ返ってくるのは大きいですよね。

さらに、前もって健康保険組合の窓口か郵送で **「限度額適用認定証」** をゲットしていれば、最初から自己負担の限度額である8万7430円を窓口で支払うだけで済みます。

適用される条件はいろいろあるものの、「限度額適用認定証」をもらうには、普通に高額療養費制度の申請をすると、**お金が戻ってくるのは3カ月程度**とされているので、それを待たずに負担額が減るのはとてもありがたいですよね。

病気やケガの通院や入院だけでなく、出産が帝王切開の場合も対象になるので、出産費用の軽減という意味でも、ぜひチェックしておいてほしい制度です。

高額療養費制度は、普通に病院にかかった際に保険適用されるものが対象です。がんに特化した保険もありますが、基本的には、がんの治療にかかる費用も高額療養費制度の範囲内になります。

たいていの場合、この制度を使えば、医療費負担については、「保険に絶対入らないといけないの？」と思うほど、心配しなくていいのです。

#保険に入りたいと思ったら

そうは言っても、万が一のときのために入っておきたいという人もいるかもしれません。

もし入ることを検討するとしたら、**気をつけてほしいのは「保障内容」**です。

給付の条件がかなり細かく、もらえると思ったら対象外だったなんてことや、**女性の場合は、妊娠27週を超えてしまうと、加入できなくなる医療保険が出てきてしまう**だけでなく、加入できたとしても、子宮や卵巣にかかわる病気の保障がつかなくなってしまうこともあります。

がんや他の病気の先進医療を受ける場合や、まだ未承認の薬については、高額療養費制度を利用することができず、またこれらの費用はかなり高額です。また、入院の際、「保険に入っていると1日いくらもらえる」といったものもあります。

やはり、自分の体に関することですから、病気がちな人ほどこういった万が一のときに関する保険については気になる部分ではあります。

それに、**実際に年齢が若いほど月々の保険料は安いことがほとんど**です。

高額療養費制度を利用すれば自己負担が減るにせよ、保険に入っていることでプラスアルファで保険金がもらえるのは、金銭的にありがたい部分もあるかもしれません。ただ、万が一入っていた保険の保障内容外となり、多額の出費があったとしても、高額療養費制度を利用すれば、全額負担ということはないでしょう。

インターネットで検索すると、すごく保険料の安い保険（その分、保障内容も少ないことがほとんどです）もありますが、毎月、毎年保険料を支払っていくとなると、それなりの出費です。貯金も全然ないのに、あえて保険料を捻出するのは本末転倒です。

なんとなく入ったほうがいいのかなと思ってしまうものですが、高額療養費制度を利用し、さらに限度額適用認定証もあれば、最初からそこまで多額の出費になることはまずありません。

万が一に備えるという部分が公的医療保障でまかなえるのですから、**収入が少ないのであれば、保険に毎月いくらか支払うよりも、数カ月分の収入程度にお金を貯めておくことが先決**です。まずはしっかり収入を安定させ、保険はある程度お金を貯めてから検討するようにしましょう。

家は買うべき？　借りるべき？

#どれくらいの家を買いたいか？

この項目タイトルに対する結論から言うと、**金銭的に余裕がないのであれば、まず買うべきではない**です。

そもそも、持ち家か賃貸かで、自分のお金がどう動くのでしょうか。

持ち家の場合、一括で買うことができない限りは、ローン[*11]を組んで購入代金を支払っていくことになります。

この返済はもちろんですが、1年、2年程度で終わるものではありません。家はそもそもの金額が高額で、数千万円は当たり前です（もちろん、場所や広さにもよりますが……）。それに加えて、ローンの利息も支払っていく必要があります。

一般的に収入の10〜20％くらいの返済額が望ましいと言われています。プランや貸付会社にもよりますが、毎月のお給料が20万円だとしたら、毎月の返済額は4万円です。

金額だけを見ると、「家が買えるっていいじゃん！」と思うかもしれませんが、この返済額では、皆さんが想像するような「家買ったよ！」というレベルの家はなかなか買うことができません。それなりにいい家を買うとしたら、毎月10万円前後のローンの支払いがあるのが普通です。

また、家を持っていることで固定資産税の出費があったり、水道や電気の故障など、賃貸であれば管理人さんや管理会社に丸投げできる部分を、自分でどうにかしないといけない場合が出てきます。

#では、賃貸のほうがいいのか？

とはいえ、買った家や土地は資産として残り、一戸建てであれば賃貸だと気にしが

ちなまわりの物音や壁の傷などを気にせず過ごすことができるのは、子供がいるご家庭にとってはいい部分でもあります。

最近では、独身だから家を買うという話もよく聞きます。確かに、未婚の男女の割合は、ここ30年ほどでぐんと増加しました。

しかし、今の時代、収入を上げるために転職したり、精神的に少し休むために落ち着く場所を探したり、より良い環境を求めて、住んでいる場所を変える必要がある機会も多く存在します。

賃貸のいいところは、何と言っても、自分の状況によって住まいを変えられる点です。

女性も男性も、独身のときに家を買ったとしても、結婚を機に別の場所に引っ越す可能性は大いに考えられます。

もしご近所トラブルや子供の学校環境が良くなかった場合など、引っ越したほうがいいような出来事があったときに、賃貸であれば、気軽に新しい場所へ移り住むという選択肢があるのも大きいでしょう。

また、家賃を払っていれば、税金をとられることもなく、ある程度のトラブルは管理会社に相談をして解決してもらうこともできます。

持ち家は確かに資産になりますし、場合によっては買うことによって月々の家賃よりローンの金額のほうが安くなることもあります。

もちろん、持ち家を人に売ったり貸したりして、自分自身は新たな場所へ引っ越すという方法をとることもできるのは確かです。

しかし、誰かに売ったり貸したとして、自分が家を買ったときの金額の元が取れるとは限りませんし、そういったことにかかる手間もあります。

実家の持ち家だったり、そこに長く定住することが最初からわかっているのなら別ですが、そうでない場合には**住まいを固定するのは、その分のリスクを抱える**ということでもあります。

まずは固定資産より流動的資産を増やす

家の費用は、固定費（毎月必ず支払わないといけないお金）の中でも出費が大きく、削

ろうと思えばがっちり削れる部分でもあります。

もし家を購入し、ローンを組んでしまうと、どういう状態だったとしても、それを払わないわけにはいきませんし、今後何十年も支払っていかなければなりません。

もし払えなくなってしまったら、取り返しのつかないことになる可能性があります。

自分の利便性や家族の状況によって、**住まいを流動的に変えられるようにしておく**ことで、金銭的な負担を減らすこともできます。

他人のために使う一番大きなお金が子供のためだとしたら、住まいは自分のために使う一番大きなお金と言っても過言ではありません。

いろいろなライフスタイルがあったり、いつかは家を持ってみたいという人もいるかもしれませんが、ある程度収入に余裕があり、貯金も満足がいく程度にあるというくらいまでいかない限りは、まずは家は買うのではなく、借りるべきです。

もしお金に余裕ができたとしても、**ライフスタイルに住まいを合わせる**というのが、今風です。

「家」という固定の資産ではなく、まずは将来の選択肢のために、お金という流動的な資産を増やしていくことに専念しましょう。

車を買う時代は終了？車はどうするのがベター？

#車を持たない人が増えた原因

ひと昔前は、大半の人が車を持っているという時代でした。

しかし、ここ数年は、車を所持する人もどんどん減っています。住んでいる場所にもよりますが、皆さんの中にも、「車を持つこと自体、そもそも選択肢にない」という人も多いかもしれません。

車を持つ人が減っている背景には、どんなものがあるのでしょうか？

大きな原因は、やはり経済的な背景です。

車を持っていると、駐車場代やガソリン代などの維持費用がかかります。特に駐車場代は、持ち家なら別ですが、**毎月固定費として一定の金額を支払わなければなりません**。

所得の減少や雇用の不安定さから、そもそも手元に残るお金が減っているわけですから、そういった支出を増やす車を持つという選択肢を選ぶことが難しくなってきています。

また、インターネットの普及により、多くの人がネットショッピングを利用するようになりました。

以前であれば、たくさんの買い物した荷物を電車で持って帰るのも大変だし、車で持って帰ったほうがいいという発想になっていたところが、重い荷物を持ち帰るどころか、今や自分から買い物に出かけなくても家に直接届きます。

都心であれば、電車やバスの路線もかなり細かく張り巡らされていて、逆に車で移動するほうが時間がかかる可能性があるくらいです。

「若者の車離れ」[*12]とも言いますが、そんな背景から、**あえて車を買う必要が以前よりも少なくなってきている**のは間違いありません。

#所有するものではなく、利用するもの

そんな中、今は、「車は自分が持つものではなく、みんなで使うもの」という概念が広まりつつあります。

それが**「カーシェアリング」**という仕組みです。

従来であれば、車を借りるとなると、レンタカー屋さんへ出向き、いろいろと手続きをしてやっと借りられて、返すときもガソリンを満タンにしてから借りたレンタカー屋さんへ返すのが一般的でした。また、返却するにも、レンタカー屋さんが営業している時間内に返しに行かなくてはいけません。

しかし、カーシェアリングの場合、大手のカーシェアリング会社から車を借りるとなると、車を借りるために出向くのは、お店ではなく、ほとんどの場合が自宅近くの駐車場です。

スマホ一台で簡単に予約することができ、そのカーシェアリング会社と提携している駐車場に置いてある車を**24時間いつでも借りることができます**。

月会費など、会社によってプランはあるものの、**10分単位など細かい時間単位で料金が発生するサービス**が一般的です。

持っていたらかかる**ガソリン代も、駐車場代も、保険料も、車検代もかかりません**。他の利用者が使っていない限り、時間を気にせず、自分が使いたいときに、自由に使え、諸費用もかからない。カーシェアリングは、まさに「持つよりも利用する」ことを重視したサービスなのです。

#車所有者は、副収入を得られる時代

「車をすでに持っている人は損する時代なの？」と思っている人に朗報です。**個人間で車の貸し借りを行なうカーシェアリングのサービスも登場**しています。個人同士で、車を借りたい人と車を貸したい人をマッチングさせるサービスです。

車を持っている人は、車を持っているだけで維持費がかかりますが、使っていない時間が長いのであれば、その時間がもったいない。

もちろん、人に貸し出すリスクもありますが、車の持ち主としても、カーシェアリ

ングをすることにより、**自分が使っていない間に車を貸し出す**といった有効な使い方をすることで、収入を得ることができるのですから、win-win ですよね。

また、海外では、タクシー会社に雇われたドライバーではなく、一般人が自分の車を使って空き時間にタクシーと同じ役割を果たすサービスも浸透しています。

普通のタクシーに乗るよりも乗車料金が安いことがほとんどで、利用する側にとってもありがたいサービスになっています。

このように、車を持っていれば、ただ自分のために使うのではなく、自分の車をお金を稼ぐツールにすることでき、持ってない人も、買うことはできなくても、より気軽に車を利用することができるという仕組みが社会に浸透してきているのです。

#あなたの生活圏、ライフスタイルで判断

こうした社会の仕組みができていますが、実際に車を買うか買わないか、必要かどうかは、**住んでいる場所が大きく影響**しています。

電車やバスが短時間で続々と運行され、数駅分くらいなら徒歩でも行けるような都

市部に対して、電車の本数が少ない、近くの要所に行くには徒歩ではすごく時間がかかるようなところなど、車必須の場所に暮らしている方もたくさんいらっしゃいますよね。

土地柄の問題で必要な場合、車についても固定費として考え、使っていないときはカーシェアリングで貸し出してみるなど、必要なときに必要なだけ使うのが賢い方法です。

ミレニアル世代はシェアリングエコノミーを活用すべし

#所有するのではなく、利用する

「シェアリングエコノミー」という言葉を、最近よく耳にするようになりました。なんだかカタカナ用語で難しいような印象を持ってしまう人もいるかもしれませんが、シェアリングエコノミーは、ミレニアル世代が賢く生きていくためには欠かせない存在です。

シェアリングエコノミーとは、その名のとおり、物やサービス、場所などをみんなでシェアすることを言います。先ほどの項目でお伝えした「カーシェアリング」もその1つ。

車以外にも、この仕組みを利用して、さまざまなサービスが生まれています。

シェアリングエコノミーのサービスの広がりが、**収入を増やす**という意味や**無駄なお金を使わない**という面で、とてもいい役割を果たしてくれるのです。

#シェアリングエコノミーの種類

サービスとしてどんなものがあるか、気になるところですよね。本当にさまざまありますが、**大きく分けて、2つのジャンル**があります。

①人・スキル

たとえば、「人」「スキル」のシェアです。
写真の撮り方、**恋愛アドバイス**、**ホームページづくり**といったスキルを提供するものから、**引っ越し**を手伝ったり、**料理**をつくったり、**子供を預かったり**、**幼稚園・保育園などのお迎え**をするといった、より生活に密着したものまで、人のシェアはもはや何でもありの状態です。

中には、バイリンガルの先生が子供のお迎えをしてくれて、その間に語学のレッスンをしてくれるというものや、普通のツアーでは決められたところに連れて行かれて決まったガイドしかしてくれないことがほとんどですが、海外在住の日本人が買い物やレストランまでサポートしてくれるものなど、単純に1つのサービスを提供するだけではなく、身近なものから専門的なものまで、利用者が「もっとこういうことができたらいいのに」という部分までサポートしてくれるサービスも出てきています。

②もの・場所

「もの」や「場所」をシェアするサービスもあります。

みんなで**畑をシェア**して手ぶらで野菜を育てることができたり、ちょっとお出かけして荷物が多くなったときに、カフェやお店にコインロッカーのように**荷物を預けることができるサービス**、空いている場所にレンタル倉庫のように物を預けることができるサービス、**空いている駐車場**へ車を停めることができるサービス、タクシーの相乗りや車の相乗りをすることができるサービス、国内でも海外でも、使っていない部屋を借りることができ、普段ならなかなか泊まれない海外の一般家庭などに泊まることができるサービス（民泊）などなど、こちらもさまざまあります。

特に民泊は、日本ではまだ法律で認められていない場合がほとんどですが、海外では法的に認められています。一般的なホテルや旅館のようなホスピタリティはありませんが、変な安宿に泊まるよりキレイな家がほとんどですし、宿泊費も抑えることができるのが大きなメリットです。

不得意なものを得意な人に、持ってないものを持っている人に、助けてもらう

シェアリングエコノミーのあらゆるサービスの強みは、その自由度と価格です。

一般的に普及しているサービスは、きちっと申し込み、手順を踏んで、やっとサービスが受けられます。きちんとした手順を踏んでいる分、値段も高いわけです。今すぐに使いたいときに、その当日にサービスを利用できることも少ないですよね。「当日価格」というように、値段が上乗せされる場合もあります。また、「この時間にこういうことをしてほしい」という細かい要望が受け入れられないケースも多々ありま

す。

一方、シェアリングエコノミーのサービスは、**その時々で必要なサービスを、より安い価格で利用することができます**。

部屋の掃除や買い物の代行など、かなり生活に身近な些細なことまで気軽にお願いすることができるのです。

「不得意なものを得意な人に」「持ってないものを持っている人に」助けてもらうという仕組みは、使う側にとってのメリットも大きいですよね。

もちろん、それをちゃんと商売として行なっている会社と比べると、クオリティが下がったり、個人間のやりとりとなると、トラブルが発生する可能性も高くなります。

こうしたマイナスの面は、今後もっとそのサービスが普及するにつれて改善されていく部分になるでしょう。

#いろいろなものがシェアリングエコノミー

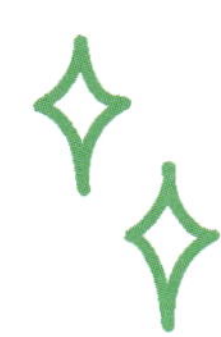

どんどん広がっているシェアリングエコノミーには、具体的にどんなものが出てき

ているのか、ここでいくつかご紹介します。

①自転車

車同様、自転車も駐輪場代などの維持費がかかりますが、シェアリングサービスの自転車であれば、維持費を気にすることもありません。

借りて、所定の場所に返すだけです。

ちょっと自転車を使いたいというときには、もちろんシェアサービスがお得です。場合によっては、自分で自転車を買って、駐輪場を借りたほうが安い場合もありますが、通勤・通学での利用であっても、自転車代と駐輪場代を気にせず、年間で1万円ちょっとで済むとなると、自分で買わずにシェアサービスを利用したほうがコストカットできる場合もあります。

②洋服・鞄

最近大きく広まりつつあるのが、洋服や鞄などのレンタルサービスです。

それも成人式の袴や振袖、結婚式のタキシードやウエディングドレスといったような一生に一度着るようなものではなく、日常生活で使うような普段着のレンタルをすることができるのです。

料金プランはさまざまですが、だいたい**月1万円程度**で洋服を数着レンタルすることができます。

普通に生活をしていると、「いいな」と思って服を買っても、好みや流行によって、結局着ない服がどうしても出てきてしまうものです。

でも、レンタルサービスの場合、季節や流行に沿ったものをその時々で借りることができ、着なくなったら返すことができるので、**いらない服を溜め込まなくて済みます**。

また、つい同じ服のローテーションになってしまいがちなときに、新しい服をコロコロ試すことができるというのもメリットです。

ファッションというと女性向けのサービスと思いきや、男性向けのサービスも充実しています。男性向けでは、スーツやネクタイ、ワイシャツ、革靴などビジネスでの普段着などのレンタルももちろんあります。

また、普段なら手を出しにくいようなハイブランドの鞄も、レンタルサービスを利用すれば、かなりお得です。

少し奮発してずっと使いたい鞄をゲットするなら別ですが、**数十万円のものが1万円以下で借りることができる**のですから、ハイブランドの鞄をちょっとしたお出かけのおしゃれのために持ちたいのであれば、断然レンタルサービスを使うのがいいでしょう。

洋服や鞄をレンタルすれば、使わないものがどんどん増えて、新しいものをどんどん買ってしまうという、浪費サイクルを減らすことができます。

③シェアハウス

シェアハウスは、**家賃**だけでなく、**水道光熱費**の負担も少なく、**固定費を節約する**という意味では、とても大幅なコストカットが見込めます。

どういったシェアハウスかにもよりますが、食事もみんなでつくったり、一人で毎日コンビニでお弁当を買って帰るよりも安く済む場合もあります。

また、**ベッドや冷蔵庫、棚などの家具も最初から備え付け**がほとんどです。初期投資を抑えて、最低限の生活道具だけで移り住むことができます。

場所によっては家賃が少し高めのところもありますが、それでも普通に都市部で賃貸で借りるよりも安いことがほとんどです。

実家には戻れないけれど、一人暮らしには疲れたという人にもおすすめです。

#サービスを受ける側だけでなく、サービスを提供する側にもなれる

シェアリングエコノミーの場合、**すぐにサービスを提供する側にもなれ、お金を受け取ることができる**という点が大きなメリットです。

空き時間に料理の配達をしたり、誰かのお手伝いをしたり、語学や専門知識など、自分の得意なことを教えたり、空いている場所を貸し出したり、**一般的な本業とは違い、好きなタイミングで自由に仕事をすることができます**。

それを本業とするほどの収入はなかなか得られないかもしれませんが、軌道に乗れば、本業にできるくらいの収入が稼げるかもしれません。

どんなことも収入につながる可能性があると考えると、本業プラスアルファとして

稼ぐにはピッタリです。

シェアリングエコノミーのサービスが普及することにより、**自分自身のスキルや経験、自分はいらないもの・使わないもの**など、無駄なものはないというくらい、なんでもお金に換えることができるようになります。

一方、サービスを利用する側にとっても、従来のサービスを利用するよりも安く自分の目的を果たすことができるようになります。

ただ単に「安いもの」ではなく、サービスだったり、不用品だったり、相手の与えてくれたものにお金を払えるという身近な経済を全力で回すことができる、みんなが得する社会になるのです。

これからさらに、「お金を増やす」という面でも、「支出を減らす」という面でも、シェアリングエコノミーは、私たちの生活に欠かせないものになっていきます。

上の世代よりネットに強いミレニアル世代以降の人こそ、シェアリングエコノミーをガンガン使いこなしていきましょう。

ブラック企業に勤めると、お金でこんなに損をする

#ブラック企業の特徴

今の状況を変えたいと思っている人の中には、誰にも相談できず、仕事の悩みを抱えている人もたくさんいるでしょう。

中でも、休みたくても休めない、パワハラ・セクハラ、働いても働いてもお給料が少ない……。そんな悩みは、時に自殺や過労死という、とても痛ましい出来事の原因になってしまうこともあります。

劣悪な労働を強いる会社は「ブラック企業」と呼ばれ、ここ最近はそんな労働環境を変えようとする流れが社会全体でできつつあります。

しかし、ブラック企業で働いていることにより、私たちはつらい日々を送らなければならないだけでなく、かなりの金額を損していることを、まず理解しなければなりません。

ブラック企業と呼ばれる会社の特徴は、いくつかあります。

特にわかりやすいのは、**残業が多い**という点です。

一般的には、労働基準法で、1日8時間、週に40時間を超えての労働はさせてはならないとされています。

おそらくほとんどの会社員の皆さんはもっと働いているかと思いますが、基本はこの時間内ということになります。ただ、条件を満たすことで、これ以上の勤務が認められることになります。

ただ、上限を定めないのは良くないということで、**残業のような時間外労働は1カ月で45時間、1年で360時間までと決められています**。

しかし、いわゆるブラック企業では、こうした社会的な決まりとして働く時間を決められているにもかかわらず、それをなかったものとして決められた時間よりもたくさんの時間を働かせるのです。

決められた労働時間を超えている場合、**時間外手当**として、その分、割増のお給料を支給しなければならないと決められています。

一般的な残業だけでなく、**休日出勤**や**深夜労働**も割増の対象です。

にもかかわらず、この割増が支給されないのがブラック企業です。

本来ならば残業代として支払うべき金額が支払われない、こうした残業のことを、**「サービス残業」**と言います。

また、求人で「時給990円、研修中は時給950円」などと試用期間は時給が低く設定されていることがたまにありますが、本来、雇い主側の申請が許可されていなければ、最低賃金以下にするのはNGなのです。皆さんの中にも、**試用期間のお給料が安く設定され、損している人**もいるはずです。

残業代が支払われないだけでなく、ボーナスがないような会社も多く存在します。

ブラック企業では、派遣やパート、アルバイトのように、そもそもボーナスがない雇われ方をしている人が多くいると考えると、ボーナスをもらっている人は、意外と少ないのかもしれません。

#お給料と残業代をシミュレーションしてみた

このように、ブラック企業は総じて働きに対する対価としてのお給料が比例していません。

たとえば、月給25万円の人が、1日8時間労働で働いていたとします。

365日のうち土日祝日がその年は122日あったとすると、365日から122日を引いた、243日がその年の働く日数です。

243日の間は1日8時間働くとすると、1年で1944時間。それを12カ月で割った1カ月で162時間というのが、その人が月に決められた働く時間です。

そして、25万円を162時間で割った約1500円（計算を簡単にするため簡易的な数字にしています）が、その人の1時間当たりのお給料となります。

残業代は、これを元に計算されます。

1カ月の出勤日が20日だったとして、毎日2時間残業したとしたら、ひと月の残業

もらえていない残業代など、一度計算してみて！

割増賃金の種類と割増率、1時間当たりの賃金計算法

割増賃金の種類と割増率

種類	支払う条件	割増率
時間外 (時間外手当・残業手当)	法定労働時間(1日8時間・週40時間)を超えたとき	**25%以上**
	時間外労働が限度時間（1カ月45時間、1年360時間等）を超えたとき	**25%以上（※1）**
	時間外労働が1カ月60時間を超えたとき（※2）	**50%以上（※2）**
休日(休日手当)	法定休日(週1日)に勤務させたとき	**35%以上**
深夜(深夜手当)	22時から5時までの間に勤務させたとき	**25%以上**

(※1)25%を超える率とするよう努めることが必要。
(※2)中小企業については、当分の間、適用が猶予されている。

1時間当たりの賃金計算法

月給制の場合も1時間当たりの賃金に換算してから計算する。

月給 ÷ **1年間における1カ月平均所定労働時間**

※ここでいう「月給」には次のものは含まれない
家族手当・扶養手当・子女教育手当、通勤手当、別居手当・単身赴任手当、
住宅手当、臨時の手当（結婚手当、出産手当、大入り袋等）

計算例　**基本給235,000円、精皆勤手当8,000円／年間所定休日122日／1日の所定労働時間8時間の場合**

1年間の所定出勤日数　1日の所定労働時間

$$\frac{(365-122)\times 8}{12}=162$$

1年間における1カ月平均所定労働時間

基本給＋精皆勤手当

243,000 ÷ 162 ＝ 1,500円（1時間当たりの賃金）

《出典》東京労働局「しっかりマスター労働基準法――割増賃金編」を基に作成

時間は40時間です。

1日8時間、1週間で合計40時間を超えた場合、**超えた部分については25%の割増**となります。1500円の25%は1875円ですから、40時間分となると、その月は基本のお給料に加え、7万5000円の残業代がつくことになります。

実際には時間や状況により、もっと細かい条件や計算の仕方もありますし、月に働く時間もバラバラで同じということはありえないかもしれませんが、この例でそのまま計算していくと、残業代がもしもらえない状況なのであれば、1年間で90万円、10年間で900万円ももらえないということです。

1日たった2時間の残業でも、残業代がもらえるのともらえないのとでは、将来的に大きな差が出てきますよね。

ブラック企業勤めは、お金も人生も大損させる

ひと昔前の人が自分たちの頃も夜遅くまでずっと働いていた、今の若い人は怠け者

だと言ったりしますが、これは高度経済成長やバブル期のように、働けば働くほどお金がもらえた時代を経験している人だからこその話です。

今では働いても働いてもお金が増えないことが、当たり前にはびこっている時代になっているのです。

たとえどんなに好きな仕事をしていても、嫌なことやつらいこと、我慢をしなければいけないことはたくさんあります。

しかし、いくら残業や休日出勤をしても、残業代をもらえない。健康診断も実施されていなくて、健康管理もできない。

そんな**ひどい環境のままでいると、お金だけでなく、人生そのものを大損してしまう**可能性もあります。

社会の流れで言えばブラック企業体質を改善しようという動きがありますが、実際は誰かが告発しなければ労働環境はなかなか改善されていきません。

勇気を出して**労働基準監督署へ通報**するか、まずは自分の身を落ち着かせるためにも、**即転職**しましょう。

キャッシュレス社会を生きる上で知っておきたいこと

#キャッシュレス社会とうまく付き合っていくために

日本は長い間現金社会でした。しかし、海外の影響もあり、急速に**キャッシュレス化**（現金を使わない生活）が進み、日本政府もキャッシュレス化に向けた施策を打ち出しています。

私たちの生活とキャッシュレス化のサービスも、今では当たり前になりつつあります。まさにミレニアル世代は、いろいろなキャッシュレス対応に追われるど真ん中にいます。

今やほとんどの人が持っているスマホ。スマホ1台あれば、クレジットカードへ紐づけることで、財布を持ち歩かなくても買い物や飲食ができるような時代です。もはや、クレジットカードは、私たちの生活に欠かせないものになりつつあります。そんな**クレジットカード必須時代**を生きていくにあたり、私たちはクレジットカードとうまく付き合っていかなければいけません。

#クレジットカードのメリットと注意点

一般的にクレジットカード[*13]は、何か買い物をした際のお金をカード会社が一度立て替えてくれて、**1カ月など一定期間分の利用代金の合計をあとでまとめてカード会社に支払うという仕組み**です。

普通の現金払いにはないメリットとして、利用額に応じてクレジットカード利用の**ポイントがつくことがほとんど**で、特定のお店で買い物をすることにより、さらにお得になる場合もあります。

買い物をすればポイントが貯まり、そのポイントを次の買い物だけでなく、飛行機のマイルなど、旅行に役立てることができたり、テーマパークのチケットと引き換えることもできたり、さまざまな使い道があります。

使うと貯まるポイントやそれぞれのカードについている特典も魅力的です。

ポイントを貯めるためにも、買い物は絶対クレジットカードを利用しているという人も多くいます。

しかし、使ったそのときはお金自体が減らないため、お金を使っている実感があまりないというのが特徴です。

限度額はあるにせよ、その限度額までならいくらでも使うことができるので、気を抜くと使いすぎてしまいます。

中には、翌月の支払いがギリギリだったり、引き落としのお金が足りず、支払いが遅れてしまった経験がある人もいるのではないでしょうか。

クレジットカードの支払いが遅れると、延滞の情報が登録[*14]されます。

結果的にカードが解約され、延滞の情報が登録されたことで、新しく他のカードをつくろうと思っても、しばらくつくれなくなってしまったり、その後数年間、何か大きい買い物（家や車、歯の矯正、資格取得のための予備校代など）をするためのローンの審査に通らなくなってしまう場合があります。

何回の延滞で登録されてしまうかどうかはカード会社にもよりますが（基本的には延滞は厳禁です！）、**一度登録されてしまうと、基本的には5年間は情報が残ってしまいます**。

この情報が消えるまでは、クレジットカードをまったくつくれない生活になる可能性があるわけです。

それって、とても不便ですし、将来、家庭を持つときにすごく困ることにもつながります。

もちろん、きちんと支払いができていれば、何も問題がありません。

クレジットカードを使うにあたっては、**あとで絶対自分が払い切れる額しか使わない**よう気をつけるということを鉄則にしましょう。

後払いのリスクを回避できるキャッシュレスカード「デビットカード」

キャッシュレス社会が進む中、クレジットカードのように後払いの怖さがない、デビットカードも人気があります。

デビットカードとは、利用した代金がクレジットカードのようにまとめてあとで請求されるのではなく、**銀行口座からすぐ引き落とされる**ものです。

たいていのデビットカードはVISAやJCBなどのクレジットカードが使えるお店で使えるので、ほとんどのお店でクレジットカードと同じように使うことができます。

また、銀行口座からではなく、デビットカードへのチャージをクレジットカードで行なうことができるものもあります。

この場合、クレジットカードからのチャージでもポイントが発生するので、ポイントが二重取りできるというメリットもあります。

使いすぎが怖い人も安心の「デビットカード」

クレジットカードとデビッドカードの比較

	デビットカード	クレジットカード
支払い方法	**都度払い(即時払い)**	**後払い**
支払い回数	**1回払いのみ** (リボ・分割などは不可)	**1回払い、2回払い、分割払い・リボ払い・ボーナス払い**
利用可能額	**預金口座の残高および利用限度額の範囲内**	**利用限度額の範囲内** (審査の結果による)
キャッシングなど	×	○
海外での引き出し	○ (預金口座の出金として)	○ (借り入れとして)
特典	**キャッシュバックまたはポイント**	**各種ポイント**

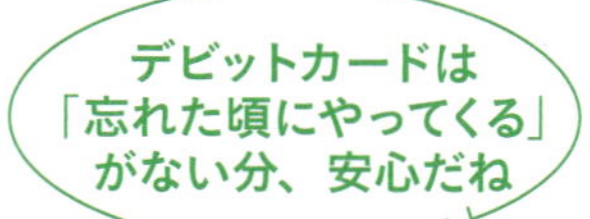

そして、何と言ってもデビットカードの特徴は、まとめて請求されるのではなく、即時でお金が減るため、クレジットカードのように、あとで「使いすぎてしまった……」と後悔しにくいところです。

現状、**クレジットカードの使いすぎの自覚があったり、後払いはやっぱり怖いなという人は、デビットカードへ切り替えるのがおすすめ**です。

#カード決済のメリット

クレジットカードやデビットカードのような一度電子を通す決済は、**お金の管理がしやすいのが大きなメリット**です。

カード会社のホームページや家計簿アプリで、何にいくら使ったか、ひと目で見て確認することができるのは、自分の支出を把握するためにとても便利です。

また、最近では、**「クレジットカードで貯めたポイントを投資に使える」**というサービスも登場しました。

ポイントは付加価値としてついたものですから、「何かを買った」というお金の出費はあったにせよ、元手はあってないようなものです。

それをさらに投資で増やせる可能性があるのは、ゼロからイチにすること。時代が進んでいるという感じがしますよね。

これから今まで以上にキャッシュレス化が進み、クレジットカードとの付き合いもさらに増えるはずです。

クレジットカードはお得な部分も多く、便利な反面、怖いところもたくさんあります。その**怖いことの代表例が「リボ払い」**です。

#なぜ「リボ払い」は危険なのか？

皆さんも一度は「リボ払いはダメ！」と聞いたことがあるでしょう。
百貨店や商業ビルにも、リボ払いをすることでポイントバックといった広告が貼られていたり、クレジットカードのサイトにも、リボ払いを利用したほうがお得のようなキャンペーンが行なわれています。
毎月支払額が定額ということだけを考えると、金額も前もってわかっていて、支出の管理もしやすそうだし、一見便利そうに感じるかもしれません。

ですが、「リボ払い」は本当に気をつけなければなりません。

簡単に言えば、**リボ払いは毎月定額になる分、高い手数料を支払うことになり、支払いが長期的になる仕組み**なのです。

たとえば、5万円の買い物を毎月5000円とすると、単純に計算すれば、10回で支払い終わるところですが、リボ払いで毎月5000円払いにした場合、元の5万円の分割分に加えて、高い手数料を支払わなければいけません。

いくら毎月払っていても、リボ払いの場合、本来の買い物の5万円の支払い（いわゆる元本）が、少しずつしか減っていかないのです。

こうしてリボ払いでの支払いを増やしていくと、払わなくちゃいけない金額は増えていきます。

それにもかかわらず、毎月定額であるため、手数料を含めると支払わなければいけない金額はたいして減っていかず、どんどん支払いの終わりが伸びていってしまいます。

気づいたら、全部支払いきるまで数十年なんてことにもなりかねません。

支払いが永遠に終らない⁉「リボ払い」

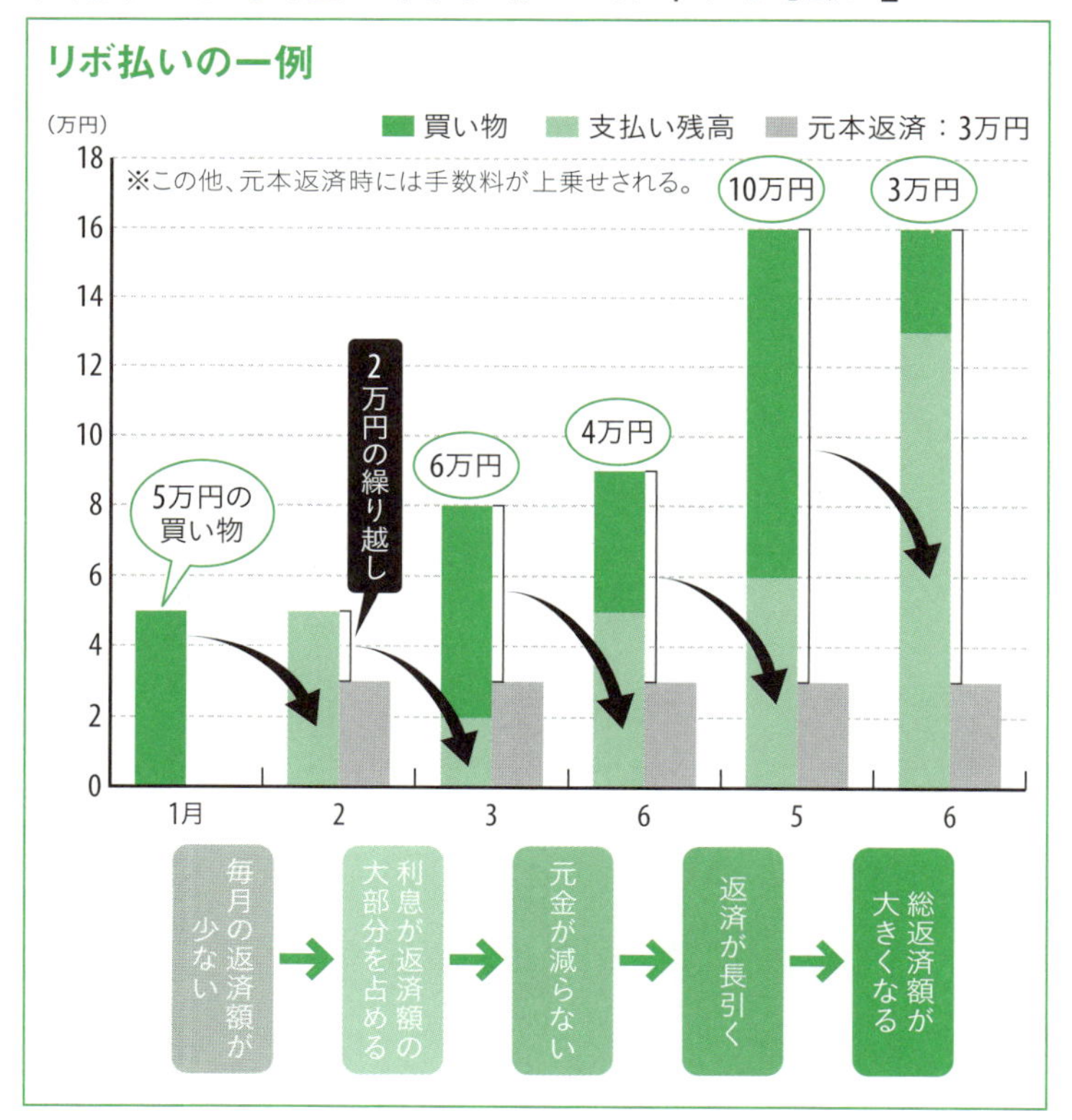

毎月支払う金額は少ないけど、将来的に支払わないといけない金額がこんなに増え続けているのね

利息の支払いがあるから、元の買い物した分が全然減らないのか！

#「リボ払い」の誘惑

行動経済学に**「双曲割引」**という考え方があります。

遠い将来のことは待つことができるのに、近い将来のことは待つことができないというものです。

リボ払いを使うことで支払いが遠い将来にまで延びて、将来的に損をするのは間違いないにもかかわらず、今欲しいものを我慢できずにリボ払いを利用してしまうのも、そんな私たちの習性である「双曲割引」がかかわっています。

1つのクレジットカードだけならまだマシですが、**複数のクレジットカードでリボ払いにしているという状況は最悪**です。

もしすでにそのような状況の人は、すぐにどれかのクレジットカードから繰り上げ返済をしてください。

分割払いを選択するのであれば、手数料がかからない範囲内が鉄則です。

知らないうちに「リボ払い」になっていないか？

なんと、知らないうちにリボ払いになっているというケースもあります。

厳密に言えば、カードの申し込み用紙などに書いてあるのですが、小さい文字で読み落としてしまっていたり、よく話を聞かずにお得なキャンペーンをやっているからと申し込んでしまったような場合です。

たいていは利用明細を見れば気づくことができるのですが、明細も引き落とされる銀行口座もあまり見ないという人は、気づくのが遅れて、ずっとリボ払いになってしまっていたという話もよく耳にします。

リボ払いにしている覚えがないという人も、一度ぜひ確認してみてくださいね。

郵 便 は が き

料金受取人払郵便

牛込局承認

4010

差出有効期限
平成32年 5 月
31日まで

1 6 2-8 7 9 0

東京都新宿区揚場町2-18
白宝ビル5F

フォレスト出版株式会社
愛読者カード係

フリガナ お名前	年齢　　　歳 性別（ 男・女 ）
ご住所 〒 ☎　　（　　　）　　　FAX　　（　　　）	
ご職業	役職
ご勤務先または学校名	
Eメールアドレス メールによる新刊案内をお送り致します。ご希望されない場合は空欄のままで結構です。	

フォレスト出版　愛読者カード

ご購読ありがとうございます。今後の出版物の資料とさせていただきますので、下記の設問にお答えください。ご協力をお願い申し上げます。

● ご購入図書名　「　　　　　　　　　　　　　」

● お買い上げ書店名「　　　　　　　　　　　」書店

● お買い求めの動機は?

1. 著者が好きだから　　2. タイトルが気に入って
3. 装丁がよかったから　　4. 人にすすめられて
5. 新聞・雑誌の広告で（掲載誌誌名　　　　　　　）
6. その他（　　　　　　　　　　　　　　　）

● ご購読されている新聞・雑誌・Webサイトは?

（　　　　　　　　　　　　　　　　　　　）

● よく利用するSNSは?（複数回答可）

□ Facebook　□ Twitter　□ LINE　□ その他（　　　　）

● お読みになりたい著者、テーマ等を具体的にお聞かせください。

（　　　　　　　　　　　　　　　　　　　）

● 本書についてのご意見・ご感想をお聞かせください。

● ご意見・ご感想をWebサイト・広告等に掲載させていただいてもよろしいでしょうか?

□ YES　□ NO　□ 匿名であればYES

#ネットショッピングの罠にご用心

ネットショッピングが普及したことにより、画面を押すだけでお金が減る時代になりました。

実際にお店に行く場合、1つの商品を見ていても、その隣にある似たような商品と比較したり、買うか買わないかを迷うことも多いですが、ネットショッピングは、とっても気軽ですよね。

さらにネットショッピングでは、お店で買うのと同じようなものがとても安く売られています。洋服なら試着ができなかったり、家具ならサイズがわからなかったりと、家に実際届くまでどんなものかわからないといった不安はありますが、それでも安いならしょうがないと思ってしまうものです。

たいていの商品が定価より安くなっていて、「今なら定価の○%割引」と書かれていることもよくありますよね。一見お得に見えますが、そういった価格表示は、売る側がその商品を売るために都合よく書くことができ、冷静に考えると、「それ本当に安い？」という商品も多く存在します。

また、実際の店舗のように「お会計をする」という作業をしないので、**お金を使う感覚もあまりなく、スマホやパソコンでポチポチと、ついいらないものまで買ってしまう**のが、ネットショッピングの怖いところです。

その支払いは、たいていはクレジットカードへ紐づけられているはずです。24時間、どんなところでも買い物をすることができるのはとても便利ですが、クレジットカードの使いすぎにならないよう、注意しなければなりません。

実際に、リボ払いなどの割賦販売（分割払い）を利用している人はどんどん増えています。仕組みも知らずに手を出してしまうと、あとでとんでもないことになってしまう可能性があります。

いつの間にかお金が減ってしまい、誘惑も多いのがネットショッピングです。こうしたミスが、のちに大きい損につながる危険があります。これらは、貯金の大敵です。

便利なのは間違いないですが、巧妙な罠（わな）に引っかからないように、こちらもしっかり知識を身につけておきたいものです。

若いうちに手を出しがちなお金がないときのNG行動

#お金がないとき、人は判断が鈍くなる

「お金がない」状況になったときに、あなたなら、まずどうしますか？

貯金があって、今月の生活費を少し節約しようというレベルのお金がないならいいのですが、銀行の残高も少ない、所持金も少ない状況で、「クレジットカードの引き落としに間に合わない」「家賃などの支払いに間に合わない」といったレベルです。

本当に追い詰められてしまうと、人は普段であれば絶対にしないような行動に出てしまうことが大いにあります。

特にお金の問題となると、一度の過ちがその後何年間も抱えてしまうような問題に

まで発展しかねません。
ここでは、そんなNG行動を取り上げていきます。

#キャッシング――NG行動①

クレジットカードは使いすぎやリボ払いなどの気をつける点もありますが、クレジットカードを持っていれば、つい気軽で安心な気がしてしまうのが「キャッシング」です。
デパートの広告などで「お買い物で足りない現金を引き出せる」機能があることを知っている人も多いでしょう。
銀行ATMへ行かなくても、お買い物の最中に現金を引き出すことができるので、急なピンチのときについ使ってしまったという人もいるかもしれません。
しかし、注意しなければいけないのは、クレジットカードのキャッシングは、銀行から普通に現金を引き出すのではなく、**クレジットカード会社からお金を借りる仕組み**である点です。

銀行のように現金を引き出すことができ、普通のカード利用と引き落としが同じなので、一見とてもいいものに思えるかもしれません。

でも、**借りたものですから、返済しなければなりません。金利も当然支払わなければならない**のです。

#カードローン――NG行動②

また、カードローンなどでお金を借りるのも、NGだと思っておかなければなりません。

消費者金融や**銀行のカードローン**も、「早く返すことが条件で、金利が安くなる」といったキャンペーンをやっているのを見聞きしますが、それでも**金利は安くありません**。

学生ローンといった、なんとなく敷居が低そうなものであっても、金利は他の消費者金融と同等なので要注意です。

借金が膨らんでしまう多くの人が、借りたお金の返済をするお金の目途がつかず、

1つのところの返済をするために、また別のところでお金を借りてしまうことで、どんどん負のループに陥ってしまいます。いわゆる多重債務です。

#友人や知り合いに借りる——NG行動③

こうした金融機関にお金を借りるのではなく、誰かまわりの人からお金を借りるというのも、よっぽどの関係でない限り、いいことではありません。**お金が絡むことほど、人間関係をこじらせることはない**くらいです。

「貸したお金は返ってこないつもりで貸す」とよく言いますが、たとえ相手にとってそういう気持ちであったとしても、もし借りたお金を返せなかったら、お金を返せなかった人という認識はずっと消えない関係が続きます。

金額に関係なく、借りた人以上に、貸した側はずっと覚えているものです。

クレジットカードの引き落とし日にちょっとお金が足りなさそうだから、お金を借りて、すぐに返せるといったレベルであれば、事情をわかってくれるような信頼関係のある仲の良い友人が引き受けてくれるかもしれませんが、もし万が一のことがあれば、一瞬で信頼関係が崩れてしまうかもしれないことを、胸に刻んでおかなければなりません。

#お金がないときの対処法

一番頼るべきは、親です。

親を頼れないのであれば、頻繁に会う友人・職場でお世話になっている人など、必ず返さないといけないような、**身近で頼れる人に一度相談**してみるようにしましょう。その場合、あくまでも、まずは相談です。お金の貸し借りをするかどうかは別として、相談するのです。

もし本当にあてがないのであれば、**地方自治体が設置している消費生活センターなどの「相談窓口」**を利用するようにしてください。

収入が少なく、住むところがなくなってしまった、もしくは、なくなってしまいそうな場合の家賃補助、衣食住の提供、家計を立て直すための相談、膨らんでしまった借金の立て直し、それらを解決するための関係機関へのつなぎなど、身近な人には言えないような相談でも、行政だからこそできる支援もあります。

「お金がない」とは、人には言いづらいことです。

でも、そこまで困っているのに、誰かを頼れないまま一度でも消費者金融などに手を出してしまうと、「またそこで借りればいい」という思考回路が芽生えてしまい、取り返しのつかないことになってしまう可能性があります。

お金に困ってしまうと、正常な判断ができず、心の余裕があれば絶対しなかったような選択肢を選んでしまう可能性もあります。

恥ずかしい気持ちがあったり、なかなか人に話せないようなことではありますが、**必ず自分だけで解決せずに、誰かに相談する**ようにしましょう。

第3章

リアルなお金の「貯め方」&「増やし方」

お金がたくさんあった方が人生で色々な選択肢がとれるのはわかった!!
でも私たち世代…
貯めるお金なんてないんですけど!!
私たち世代って確かに手取りも低いけど、趣味もすごく大事だよね!!
2.5次元とか
廃墟めぐりとか
フェス行ったりとか
廃墟の写真集買ったりとか
お金を増やすって「投資」のイメージだけど…
何か怖いし、早くからやる意味あるのかな?
数百万とかかかりそうだし…
メガネかけてない人もやっていいのかな…
でも、政府主導でハードルの低い投資サービスが始まったり、すごく少額から投資できたり
「ミレニアル世代」が生きていくにあたり、新しい仕組みもどんどん増えてきてるみたいよ!!
メガネかけてない人もやっていいの?
もちろん!!

20代は貯めるお金なんてないんですけど！

月数万円を貯金に回せって!? みんなそんなお金あるの？

SNSや雑誌を見ていると、たくさん外食をしたり、好きなものを好きなだけ買っていたり、趣味にお金を使っていたり、年間何百万を貯金したなんて人がいたり……。そんな様子を見て、「え!? みんなそんなにお金があるの!?」と思っている人も多いのではないでしょうか。

実家暮らしなら話は別ですが、一人暮らしの場合、家賃、水道光熱費、通信費、最低限の食費などの欠かせない費用に、友達と遊ぶお金、趣味や洋服のための費用、外食の費用など、自分の楽しみのための費用を合わせたら、毎月全然お金が残らないなんてこともしばしば。

貯金をしようと貯金の本を見ても、「月に数万円貯金しよう」なんて書いてあって、月数万円も貯金することができない自分の現状がまた嫌になってしまう……。

まわりと比べて、つい自己嫌悪に陥ってしまいますよね。

#検証！「貯めるお金がない人」は少数派？

「貯めるお金なんてない」というのが少数派に感じてしまう人もいるかもしれませんが、実際のところはどうなのか？ データを見てみましょう。

国税庁の年齢階層別の平均給与を見ると、20歳から24歳の平均が258万円、25歳から29歳の平均が351万円、30歳から34歳の平均が403万円。すべての年代の平均が422万円ですから、**働き盛りの年齢にもかかわらず、若い世代ほどもらっているお給料が少ない**のです。

特に、女性のデータを見ると、驚いてしまいます。

34歳までは全世代の平均給与以下

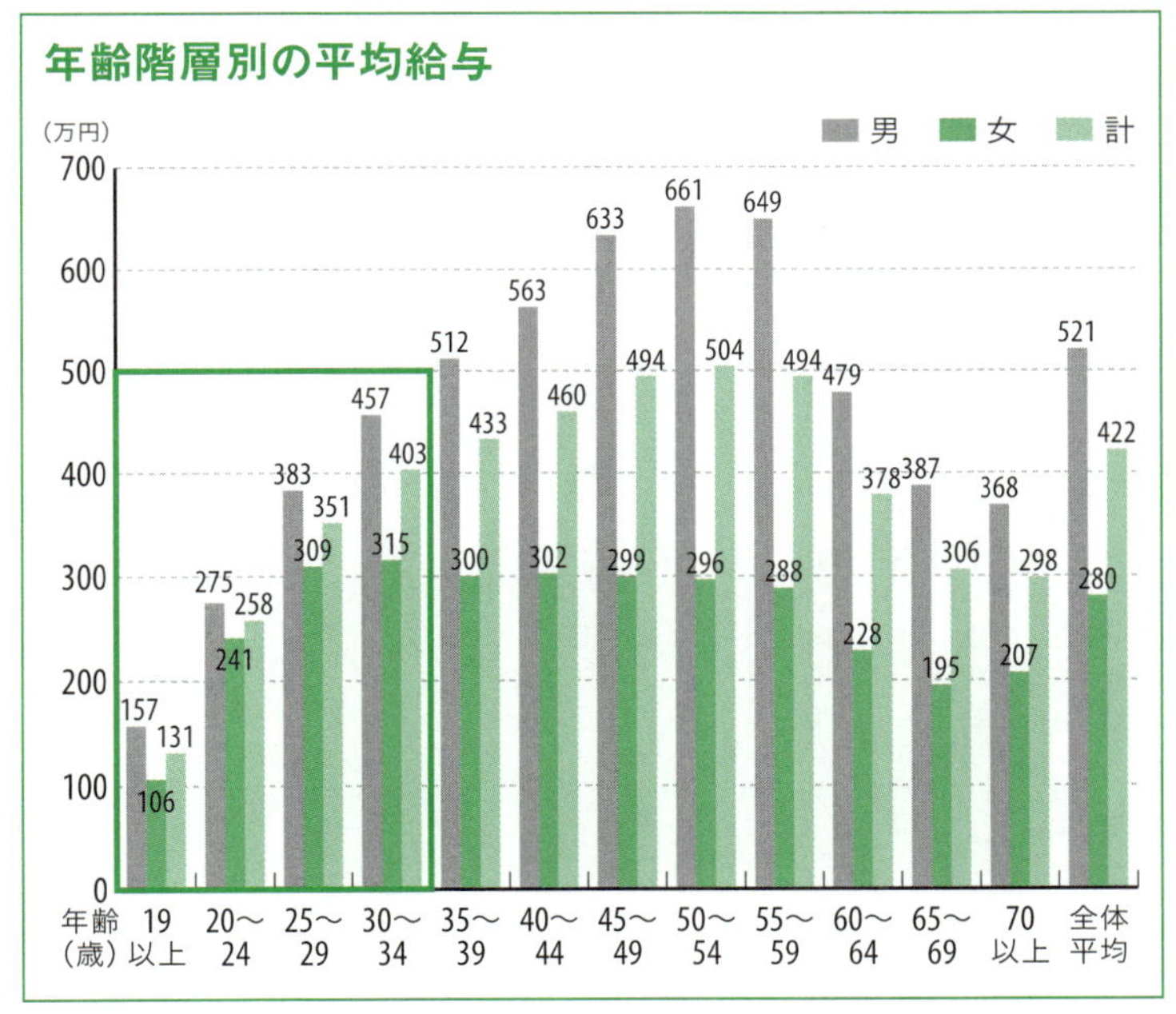

《出典》国税庁長官官房企画課「平成28年分 民間給与実態統計調査」を基に作成

平均的に言えば一番収入が多いのは30歳〜34歳ですが、それでも300万円ちょっと。そして、男性は年をとるにつれてぐんぐんと数字が増えているのに対し、女性は生涯を通して、あまり金額が変わっていません。

バリバリ働くキャリアウーマンが増えてきたという話や熱心に育児に取り組む男性の話は聞くものの、実際の数字を見てみると、女性はやはり**結婚や出産、育児を経ると、それ以前より収入が下がってしまう場合が多い**のかもしれません。

また、年間の給与が300万円以下の、いわゆる**低所得の人たちの総数は、全体の約4割**を占めています。減ったり増えたりを繰り返しながらも、少しずつ増え続けています。その分たくさん稼いでいる人が減っているわけではないのですが、低所得の人の数の増え方に比べれば、とても少ない割合です。

そして、**給与額の割合が一番多いのは300万円〜400万円以下という階層**です。

そんな実態を考えると、SNSなどではキラキラした生活ばかりが目についてしまうだけで、現実はそうじゃない人がほとんどということになります。私たち世代の多くの人が「貯めるお金もない」というのは、本当にそのとおりでもあるのです。

みんなも意外と給与はもらっていない

給与階級別給与所得者数・構成比

区分	平成16年分		平成20年分		平成24年分		平成28年分	
男女計	千人	%	千人	%	千人	%	千人	%
100万円以下	3,417	7.7	3,831	8.4	3,935	8.6	4,219	8.7
100万円超 200万円以下	6,215	14.0	6,844	14.9	6,965	15.3	7,104	14.6
200万円超 300万円以下	7,031	15.8	7,520	16.4	7,796	17.1	7,961	16.3
300万円超 400万円以下	7,569	17.0	7,771	16.9	8,186	18.0	8,536	17.5
400万円超 500万円以下	6,418	14.4	6,300	13.7	6,335	13.9	6,951	14.3
500万円超 600万円以下	4,479	10.1	4,347	9.5	4,276	9.4	4,663	9.6
600万円超 700万円以下	2,863	6.4	2,811	6.1	2,605	5.7	2,902	6.0
700万円超 800万円以下	2,099	4.7	1,991	4.3	1,811	4.0	2,021	4.1
800万円超 900万円以下	1,382	3.1	1,348	2.9	1,148	2.5	1,345	2.8
900万円超 1,000万円以下	879	2.0	875	1.9	775	1.7	907	1.9
1,000万円超 1,500万円以下	1,646	3.7	1,656	3.6	1,295	2.8	1,519	3.1
1,500万円超 2,000万円以下	337	0.8	355	0.8	260	0.6	336	0.7
2,000万円超 2,5000万円以下	94	0.2	103	0.2	87	0.2	107	0.2
2,500万円超	102	0.2	121	0.3	81	0.2	120	0.2

《出典》国税庁長官官房企画課「平成28年分・平成23年分・平成20年分 民間給与実態統計調査」を基に作成。

いつもカツカツな私たち……お金が貯まるってどういうこと？

＃みんなどれくらい貯金しているの？

「そんな貯めるお金もなかなかない……」という私たち世代ですが、いつまでもそのままでいるわけにもいきません。

ただ、「お金が貯まる」ってどういうことなのか、わからなかったりします。

そもそも、いったいみんないくらくらいお金を貯めているのでしょうか？

5年に一度行なわれる「全国消費実態調査」の単身世帯、つまり独身の人の数字を見てみると、**40歳未満の貯蓄残高の平均は、男性が370万円、女性が265万円**となっています。

若い世代ほど、圧倒的に貯蓄額が少ない

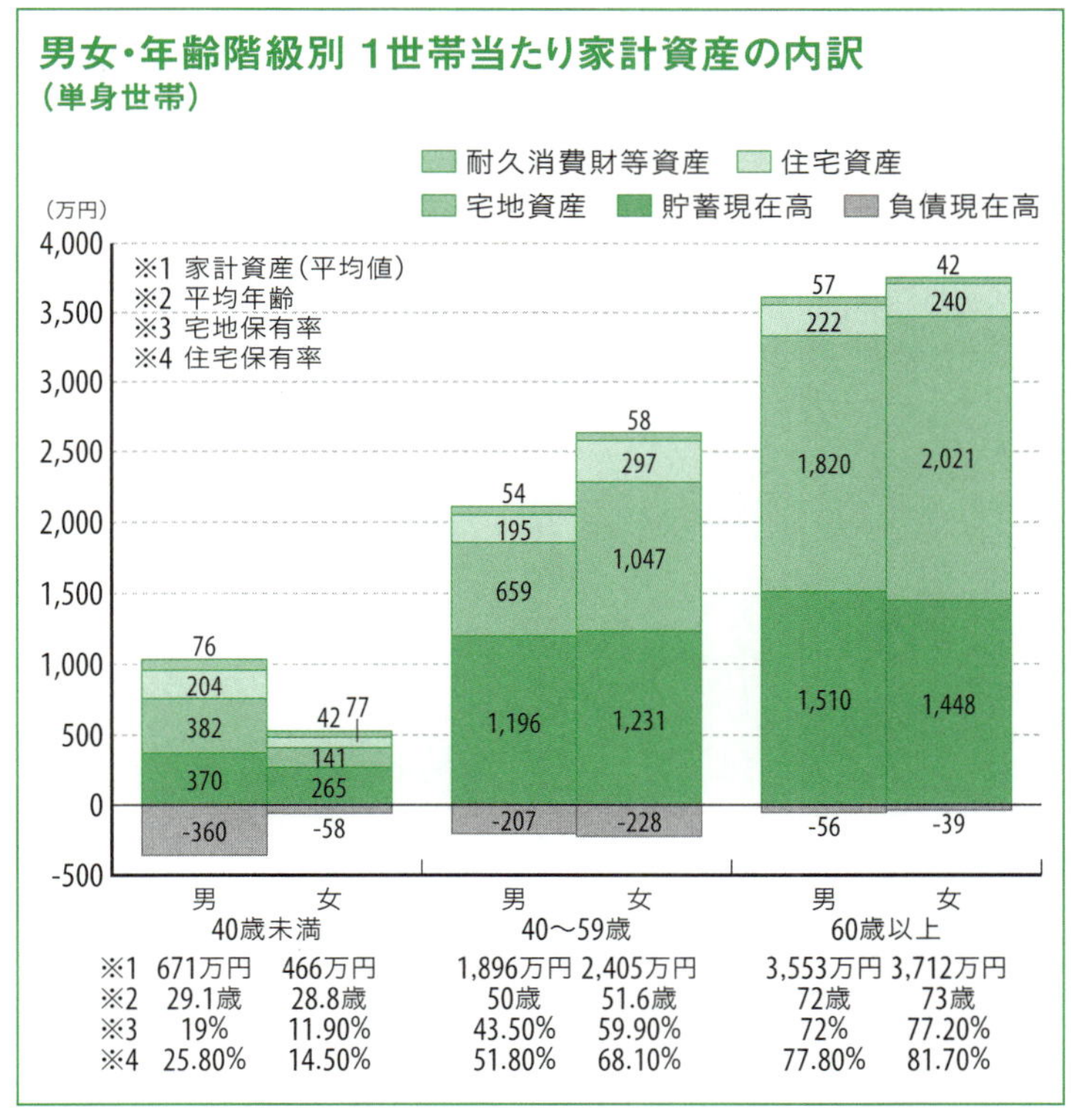

	40歳未満 男	40歳未満 女	40〜59歳 男	40〜59歳 女	60歳以上 男	60歳以上 女
※1	671万円	466万円	1,896万円	2,405万円	3,553万円	3,712万円
※2	29.1歳	28.8歳	50歳	51.6歳	72歳	73歳
※3	19%	11.90%	43.50%	59.90%	72%	77.20%
※4	25.80%	14.50%	51.80%	68.10%	77.80%	81.70%

《出典》総務省統計局「平成26年全国消費実態調査 家計資産に関する結果」を基に作成。
※耐久消費財等資産：車や電化製品など、長く使うようなもので価格が高いもの。

40歳～59歳が男性１１９６万円、女性が１２３１万円、またその上の60歳以上も男性も女性も１０００万円以上という数字なので、**若い世代ほど圧倒的に貯蓄額が少ない**ということになります。

一方で、もう少し年齢が細分化されている金融広報中央委員会の調査によると、「金融資産」を保有している人たちそれぞれの金額もぐっと下がります。

金融資産とは、簡単に言えば、すぐに使える日常的な銀行口座、現金などではなく、**将来のために貯めている貯金**としての資産のことです。

20代では平均１４２万円、30代では５８９万円です。

そして、ここでは「中央値」という値も見てみましょう。**20代の中央値は0円、30代の中央値は83万円**です。

中央値とは、いろんな状態の人を金額の順に並べたときに、真ん中に位置する人の数字を表しています。

平均値は、金額が高い人が少しでもいれば、その分平均の金額も高くなってしまうので、実際には中央値のほうが私たちの実感に近い金額と言えるでしょう。

また、20代の中央値の０円という衝撃の結果は、学生や働いていない、金融資産を

将来に備えている20代はこんなに少ないの⁉

金融資産保有額
（金融資産を保有していない世帯を含む）

（単位：%）

		総数	金融資産非保有	100万円	100〜200万円	200〜300万円	300〜400万円	400〜500万円	500〜700万円
全国			46.4	7.6	6.1	3.9	2.8	2.4	5.2
（実数）		2,500	1,160	189	152	98	69	60	130
世帯主の年令別	20歳代	646	61.0	12.2	8.7	4.3	2.9	2.5	4.0
	30歳代	438	40.4	9.4	7.3	5.7	3.2	3.2	4.6
	40歳代	440	45.9	6.4	4.3	3.4	3.2	2.5	6.4
	50歳代	395	43.0	3.3	5.1	3.5	2.5	1.3	5.8
	60歳代	581	37.3	4.8	4.3	2.8	2.1	2.4	5.7

		700〜1000万円	1000〜1500万円	1500〜2000万円	2000〜3000万円	3000万円	無回答	平均（万円）	中央値（万円）
全国		4.4	5.4	2.9	3.9	8.2	0.9	942	32
（実数）		109	135	73	98	205	22		
世帯主の年令別	20歳代	2.0	0.8	0.3	0.6	0.6	0.0	142	0
	30歳代	5.9	5.9	3.9	5.0	3.7	1.8	589	83
	40歳代	5.5	6.8	3.2	3.6	7.7	1.1	936	30
	50歳代	6.1	5.8	4.6	5.3	12.7	1.0	1,342	130
	60歳代	3.8	8.8	3.8	6.0	17.4	0.9	1,835	300

《出典》金融広報中央委員会「家計の金融行動に関する世論調査［単身世帯調査］（平成29年）」を基に作成

このデータは将来の備えが全くない人も含まれているけどね

20代の中央値が0円はかなり衝撃！

保有していない人も含めていることにも原因があります。

金融資産を保有している人に限った中央値を見ると、20代が170万円、30代が500万円と、大幅に金額が増加します。

つまり、金融資産を保有している人たちだけで言えば、20代はだいたい200万円くらいの人が多いけれど、そうじゃない人も含めたら、将来のために備えている人は20代だとかなり少ないことがわかります。

「お金が貯まっている状態」の定義

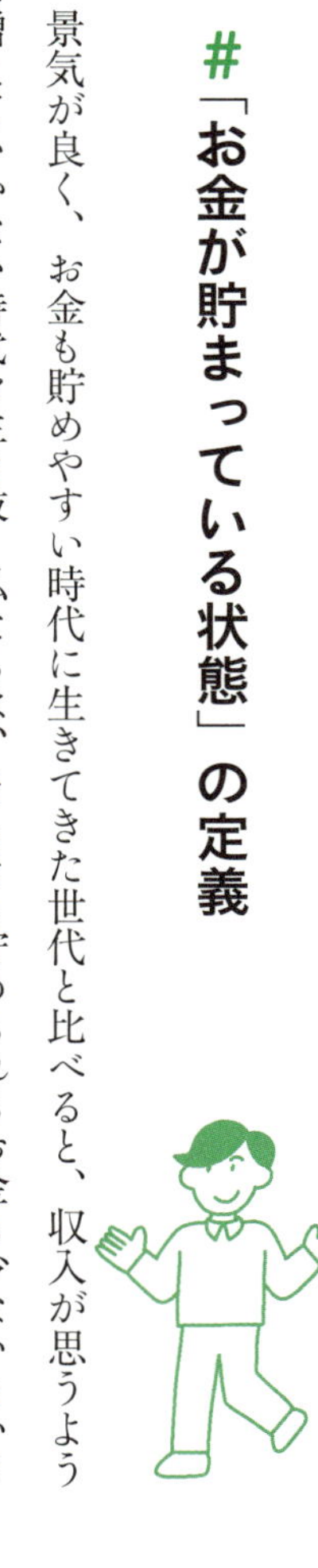

景気が良く、お金も貯めやすい時代に生きてきた世代と比べると、収入が思うように増えていかない時代を生き抜く私たちは、そもそも貯められるお金も少ないという背景があります。

ただ、少子高齢化や長く続く不景気の中、独身、共働き、Dinks（共働きで子供がいない家庭）など、いろいろなライフスタイルが確立し、趣味や自己投資の充実にお金をかける人が増えている環境において、具体的にいくらあれば最低限の貯金がOKと

将来のためにお金を備えている人は、20代が170万円、30代が500万円

金融資産保有額（金融資産保有世帯）

（単位：%）

	総数（金融資産保有世帯）	100万円	100～200万円	200～300万円	300～400万円	400～500万円	500～700万円	700～1000万円
全国		14.1	11.3	7.3	5.1	4.5	9.7	8.1
（実数）	1,340	189	152	98	69	60	130	109
世帯主の年令別 20歳代	252	31.3	22.2	11.1	7.5	6.3	10.3	5.2
世帯主の年令別 30歳代	261	15.7	12.3	9.6	5.4	5.4	7.7	10.0
世帯主の年令別 40歳代	238	11.8	8.0	6.3	5.9	4.6	11.8	10.1
世帯主の年令別 50歳代	225	5.8	8.9	6.2	4.4	2.2	10.2	10.7
世帯主の年令別 60歳代	364	7.7	6.9	4.4	3.3	3.8	9.1	6.0

	1000～1500万円	1500～2000万円	2000～3000万円	3000万円	無回答	平均（万円）	中央値（万円）
全国	10.1	5.4	7.3	15.3	1.6	1,771	600
（実数）	135	73	98	205	22		
世帯主の年令別 20歳代	2.0	0.8	1.6	1.6	0.0	363	170
世帯主の年令別 30歳代	10.0	6.5	8.4	6.1	3.1	1,002	500
世帯主の年令別 40歳代	12.6	5.9	6.7	14.3	2.1	1,747	700
世帯主の年令別 50歳代	10.2	8.0	9.3	22.2	1.8	2,375	1,000
世帯主の年令別 60歳代	14.0	6.0	9.6	27.7	1.4	2,944	1,206

《出典》金融広報中央委員会「家計の金融行動に関する世論調査［単身世帯調査］（平成29年）」を基に作成

いう基準を数字で示すのが、あまり現実的ではなくなってきています。

しかし、明確な目標を持たずに、お金は貯められません。

生活費のためのお金は除いたとして、趣味のために10万円必要だったとしても、軍資金が1万円では買うことはできませんし、200万円の結婚式は銀行に残高が100万円しかなければやることはできません。**たとえそれらを払えるくらいのお金は貯まっていたとしても、払ってしまったら貯めていたお金も全部なくなってしまうというレベルでしかお金がないようだと、それは貯金ができていたことにはなりません。**

自分のやりたい選択肢も叶え、かつ将来のためのお金も残しておく状態が、「お金が貯まっている」ということです。

まずは、自分のライフスタイルに合わせて、「自分にとってお金が貯まっている状態はどういう状態なのか」を意識するようにしてみてください。

毎月数万円貯金したほうがいい？

出費を気にしながら、お金を貯めるのは大変

貯金と言っても、近日中に使いたいような自由なお金、将来のためのお金と、もっと細かく分ければ、いろいろな用途の貯金があります。

「お金は貯めるのではなく、投資をしなきゃ意味がない」という人もいますが、それは、毎月余裕で暮らしていけるような生活の場合。

事故やトラブルで、もし今数十万の出費があったとして、すぐに払える余裕があるくらいならいいのですが、毎月カツカツで、何かあったときに使えるお金もないので

あれば、**まずは「貯めるだけの貯金」というよりも、生活のための余剰資金として、お金を残しておく必要があります**。

貯められるのであれば、無駄遣いせず、たくさん貯めたほうがいいに越したことはありません。

新卒から毎月5万円、年2回のボーナスで10万円ずつを貯めることができたら、10年後には800万円も貯まっていることになります。その何割かを投資に回しておけば、もっと増えているかもしれません。

しかし、このように毎月数万円を貯めていけるのであれば、どんどん貯金も増えていくのは確かなのですが、これくらいのペースでお金を貯められる人は、なかなかいないのが現状でしょう。特に、手取りが少ない人にとって、1万円だけでもかなり大きな金額ですよね。

そこでいきなり毎月数万円となると、実際に捻出できるのかどうか、ハードルも上がってしまいますし、自分の支出をコツコツとやりくりし、余計な出費を判断するというのも労力を使うので、忙しく働きながらだと、なかなか難しいものです。

#しんどくないと思える「使わないお金」をつくる

若いからこそ欲しいものはたくさんありますし、趣味や人付き合いなど、使いたいお金はたくさんあります。

でも、お金は貯めなくちゃいけないとなると、働き盛りの私たち世代があまり労力をかけずに、**最終的に月数万円も貯金できるようにするためには、どういうマインドを持てばいいのでしょうか**。

それは、「使わないお金をつくる」です。

まずは毎月500円や1000円といった超少額から、**「このお金は絶対使わないぞ」というお金をつくってみてください**。

この金額は自分は使わないと決めて、しんどくないと思える金額にすることがポイントです。また、何か目標を決めすぎないことも重要です。

お金の貯め方にも2種類あります。

現金として物理的に貯めていく方法と**アプリを使った方法**です。

アプリでの貯金については、別の項目で詳しくお話ししますが、毎回定期的にいくら貯金をするかを考えるのがめんどうな人は、自動的に貯金をすることができるアプリを利用するか、週に数回、お財布に入っている小銭をまるまる貯金したり、現金があると使ってしまう人はそもそも現金を持ち歩かないようにしたりなど、**手をつけないお金**をつくりましょう。

まずは、本当に細かいところから、**お金を貯めているという習慣をつけることが大事**なのです。

ただ、500円、1000円レベルを毎月続けていても、正直、人生において理想とする程度のお金が貯まるまでは、すごく時間がかかります。

まずは超少額から習慣づけをして、徐々に金額を増やしていくのが正解です。

#ミレニアル世代に合ったお金を貯めるときの心得

結婚のため、将来の子供のため、「何かのためにお金を貯める」と目標を決めたほうが頑張れるという人もいるでしょう。

ですが、目標を決めると、義務になってしまいます。

これが厄介なのです。

それができなかったとき、できないという事実に、少しでもマイナスな感情になってしまいます。貯めることに対するマイナスイメージが根付いてしまい、貯めることに対する嫌悪感が大きくなってしまいます。私たちミレニアル世代は、「できないことを責められる」のが苦手な人が多い世代です。

将来に結婚や子育てのイベントがあるにせよ、今は予定もなく、自分のためにお金を使いたいという人には、そういった目標設定は現実的に考えられず、結局、貯金ができていないという状況に陥ってしまいがちです。

私たち世代は、自分に使う時間やお金をとても大事にする世代です。

ライフイベントのためにお金を貯めることを義務にするよりも、何かにとらわれるのではなく、**「いつ何があってもいいように、何かあったときに困らないように、好きな、自由な選択肢を選ぶためにお金を貯める」**というぐらいに考えるのがちょうどいいのです。

それこそ、**災害のための防災キットのような存在のお金**を貯めてみてください。

手取り20万円以下でお金を貯めるには？

#手取り20万円で1000万円貯めた人のカラクリ

「手取り20万円で1000万円貯めた！」なんて記事をたまに見かけますが、実家暮らしの人がほとんどで、本来一人暮らしであれば払うであろう家賃をまるっと貯金できていたり……。もちろん、実家にお金を入れている人もたくさんいるはずですが、そうは言っても毎月の支出で最も割合を占める家賃がかからないのは、貯金というミッションを達成するのに、かなり大きいプラスポイントです。

とはいえ、仕事の都合や自分の心境の変化で実家を出る機会が突然訪れるかもしれません。

そもそも収入が少ないから貯金をするために一人暮らしをあきらめている人も、いつ一人で暮らしていくことになるか、もしくは、結婚して実家を出て生活していくことになるか、わかりませんよね。

そして、実際に今一人暮らしで毎月ぎりぎりの生活をしている人も、お金を貯めていかなければなりません。

では、手取りが少なかった場合に、具体的にどう貯めるお金を捻出していけばいいでしょうか。

固定費から捻出——少ない手取りからお金を捻出する方法①

まず考えるべきは、いわゆる**「固定費」**です。

固定費には大きく3つがあります。1つずつ見ていきましょう。

①家賃

固定費の中でも一番大きい割合を占めているであろう家賃は、実は一番大きな金額を削ることができます。

そのためには、場所や築年数、設備などを妥協しなければならないかもしれませんが、**月1万家賃が少なければ、年間で考えれば12万円も浮く**わけですから、一番最初に考える部分です。

今一人暮らしで、どうしてもお金が貯まらない人は、**思い切って実家暮らしを選択**するというのも手です。

実家が今働いている地域とかけ離れているとなかなか難しいですが、お金に全然余裕が持てない、収入に見合わない暮らしを続けるには限界があります。

②通信費

次に、通信費です。

今やほとんどの人が持っているスマホ。新しい機種が出れば、ついそれに乗り換えたくなります。しかし、大手の通信会社であれば、下手をしたら毎月1万円以上の携帯代がかかることもあるでしょう。

そこで検討してほしいのが、**格安スマホ**です。最新機種はなかなか対応していませんが、分割料金も込みで月額5000円もしないくらいです。

元々持っているスマホに、回線だけ格安にするとしたら、月額2000円もかからないことがほとんど。その分、インターネットの通信量が少なかったりもしますが、私たち世代がよく使うSNSやYouTubeなどには通信量がカウントされず、無制限で使えるという会社もあります。

社用携帯もあるし、電話もLINEやSkypeを使って、ほとんど使わないのであれば、月の携帯料金が半額以下になるというのは、かなりの経費削減になります。

③水道光熱費

そして、3つ目は、水道光熱費です。

水道光熱費は、最初から定番のところを何も考えず選びがちなのですが、電気は2016年、ガスは2017年から**いろいろな会社を選択できる**ようになりました。

会社や利用状況によって異なりますが、プランを見直すことで毎月1万円前後の節約になることもあります。

Tポイントや楽天ポイントのような普段使えるポイントが貯まったり、電気とガス、携帯料金とのセットでさらに安くなるなど、他のものと関連してお得になるような会社もあります。

インターネットで、住んでいる場所や毎月の料金、生活リズムなどで料金シミュレーションができるので、ぜひ一度やってみてください。

誰でも大きな金額を削ることができる固定費はこの3つ。きちんと検討したら、**年間10万円程度の経費削減**につながる可能性もあります。

流動費から捻出——少ない手取りからお金を捻出する方法②

固定費を見直したら、次は消耗品や食費、趣味の費用など、毎月流動的な支出「流動費」(毎月支払う金額が変わるお金)も見直してみてください。

しかし、手取りが20万円、もしくはそれ以下の場合、必要なもの以外の出費は、そもそも少ないという人も多いでしょう。

贅沢はダメですが、食費や最低限使うものに対しては、お金を使わなければいけないケースもあります。また、ある程度は、趣味や外食などの娯楽に使っているお金も見直してみる必要があります。

大好きな趣味や友人との食事などのお金を切り詰めるのはなかなか難しいかもしれませんが、流動的な支出も、後ほど詳しくお話しする家計簿アプリなどを活用して、使わなくていい部分までお金を使ってしまっていないか、確認してみてください。

収入以上の暮らしは、借金でもしない限りできませんが、もちろん**借金はNG**です。手取りが少なく、今の暮らしで残していけるお金がないのであれば、何かを削っていかなければなりません。

お金を貯めることを考えると、どの選択肢を選ぶべきか、危機感を持ってしっかりと見つめ直す必要があります。

もしくは、苦しい生活をしていくよりも、**一度環境を変えてみる**のもおすすめです。もっと収入を増やしたいのであれば、**転職**したり、**副業**も視野に入れてみましょう。

家計簿とかめんどくさいけど、やっぱりつけたほうがいい？

#なぜ家計簿をつける必要があるのか？

「家計簿」と聞くと、つけるのもめんどくさいなという人や、以前はつけていたこともあるけれど、いつの間にかやらなくなってしまったという人も多いのではないでしょうか。

そもそも「なぜ家計簿をつける必要があるのか？」という点に立ち戻ってみましょう。

それは、**きちんと「お金の管理」をする**ためです。

お金がないことや貯められない原因は、お金の管理ができていないことが大きな理由の1つです。

無駄な支出や普段のお金の使い道を見直すために、何かしらの方法でお金の管理をする必要があるのです。記録がなければ、見直すこともできないですよね。

#「紙の家計簿」をつけるポイント

家計簿には大きく2つの種類がありますが、その1つが、紙の家計簿です。

紙の家計簿と言っても、カレンダーや細かい項目が書いてあるものや塗り絵のようなもの、普通のノートに自分で書き足していくなど、いろいろな方法で家計簿をつけることができます。

形式は自分が続けやすいものを選ぶのが一番ですが、紙の家計簿派の皆さんがめんどくさくならずに続けるためのアドバイスとしては、

①細かい金額は気にしない

②空いた時間にやる

ということです。

#めんどくさがり屋さんにおすすめ！スマホの家計簿アプリ

もう1つの方法は、スマホの家計簿アプリを利用する方法です。

家計簿アプリの何よりいいところは、めんどくさい計算が必要ない点です。

紙の家計簿だと、合計や今月の残金などを計算するときは、どうしても自分で電卓をたたいて計算をしなければなりません。

しかし、家計簿アプリは、収入としてどれだけお金が入っているか、支出としてどんなものにどれくらい使っているか、そして、最終的にどれくらいのお金が残っているかを、自動的に計算してくれます。

また、アプリによっては、銀行の取引、残高、クレジットカード、デビットカード、通販などの買い物履歴と連携でき、それらも**一括してアプリ上で管理**することができます。

本来であれば、それぞれのクレジットカードのサイトへログインして、それぞれ確認しなければいけません。でも、家計簿アプリを使えば、アプリ上でまとめて管理ができるので、クレジットカードの引き落とし日や引き落とし額も表示されるようになったり、自分の身の回りのお金をすべて集約することができるのです。

手元にある現金だけではなく、銀行口座やクレジットカードの情報までスマホですぐに確認できるのはとても楽です。

費用別に支出を分けるのも、アプリであればボタンを押すだけ。

普段現金を使わず、クレジットカードで買い物をするほうが多い人であれば、読み込まれたカードの利用明細からポチポチ登録するだけで済みます。

クレジットカードをあまり使わない現金派の人でも、レシートをもらうようにすればOK。**スマホで写真を撮る感覚でレシート読み取りができ、支出を登録できるアプリ**もあります。

いずれにせよ、**続けるコツは、「完璧な家計簿をつけなくてもいい」と常に意識す**

ることです。

そのうち慣れてきたら、しっかりと漏れのないように管理したくなってくるはずです。初めはなんとなくでもいいので、「続ける習慣」をつけることが何より先決です。

ご承知のとおり、収入はいきなり増やすことがなかなかできません。

フリマアプリなどを利用して物を売ったりすれば、すぐにその売り上げは手に入るかもしれませんが、副業を始めたり、転職をしたり、安定した形の収入をすぐ手に入れられるかというと、普通に働いているとなかなか難しいものです。

毎日のコンビニの出費、つい買ってしまう百円均一の支出など、**ささいな出費を今すぐにでも見直して、自分の行動ひとつで明日から気をつけられるのが支出**なのです。

自分に合った方法で、支出の管理をしたいものです。

そのためにも、お金の管理は欠かせません。

本当にお金はないけれど、やっぱり貯めたいという人へ

#銀行口座を分けたほうがお金は貯まるのか？

収入も少ない、貯められるお金もないというと、どうしようもないループのように感じてしまうこともあるでしょう。

そんな負のループを抜け出すために一番大事なのは、**「お金を使えない環境をつくる」**ことです。

一番最初に思いつくのが、**銀行口座を使ったお金のやりくり**です。

銀行口座から毎月一定額を別の口座へ移して、片方は「生活用」、もう片方は「貯

金用」という貯金の方法です。

銀行口座でのお金の管理は、口座を分けることで、きっちりお金を管理している感も味わえますし、カードや光熱費など、たいていのものは銀行口座から引き落とされるので、一覧としてわかりやすく、貯金用の通帳を記帳したときに、いくら貯まっているのか見てうっとりできるのもいいところです。

また、定期預金（一定期間下ろすことはできない分、多く利息がもらえる預金。中途解約もできるが、利息はもらえないことがほとんど）のように期間を決めて預けて、普通預金より高い金利（預けているお金に対してもらえるお金）を受け取れる方法あります。と言っても、結局大きい金額を預けないと、受け取れる利息もかなり少ないのですが……。

しかし、注意してほしいのが、手取り収入がどのレベルだったにせよ、そもそもの**貯金額（銀行＋手持ちの現金）が少ない頃から、後者の定期預金のような自由にお金を使えなくなるようなお金の貯め方を始めるのはおすすめできません**。

もちろん、中途解約しても手数料もかからない元本保証な場合がほとんどですが、解約してしまっては、わざわざ定期預金にした意味もなくなってしまいます。

それに……、よく考えてみてください。

そもそも、銀行口座をそんなにいくつも持っている人って、なかなかいませんよね。銀行口座を用途別に開設するだけで結構な手間です。そして、それぞれの口座へ入れるためのお金の仕分けと移動……。

大変ではないですか？

毎月、「どこの口座にはいくら入れて……」と、それぞれの口座に入れる金額を管理できるようなきっちりとしている人はいいのですが、働き盛りの世代の皆さんは、きっとそんな細かいお金を移動をしている時間なんてないという人が多いのではないでしょうか。もちろん、今はインターネット上で銀行口座同士のお金を簡単に移動できる時代なので、毎月定額を移動するように設定ができるにせよ、それも自分自身で操作する必要があり、結局手間はかかります。

24時間、365日、お金が引き出せる便利さの逆効果

口座を分ける貯金法の一番の難点は、**銀行に預けているお金を引き出そうと思えば、**

いつでもすぐに引き出せてしまう点です。

ちょっと足りないかもと思ったら、通勤前でも、お昼休みでも、夜の外食前でも、コンビニなどでいつでもどこでもお金を引き出せてしまいます。

いくら口座を分けてお金を貯めていても、こまめに引き出してしまっては、お金を残すことはできません。

口座を分けるのであれば、「貯金用の口座」のキャッシュカードは絶対に持ち歩いてはダメです。

ひと昔前なら、ATMも夜遅くまでやっていないし、口座からお金を引き出すことにハードルもありましたが、今はありがたいことに24時間365日、いつでもお金が下ろせてしまうんですよね。

#お金に余裕のない人におすすめの口座数

お金を貯めるために口座を分けられる人は、ついお金を引き出してしまうこともなく、細かいお金の管理が得意だったり、きっちり家計簿をつけられて、それをきちん

と継続できる人です。つまり、「お金を貯めるために、銀行口座を分ける」には、ある程度、時間にもお金にも余裕がないと難しいものと言えます。

毎月の生活費でカツカツであれば、そもそも貯金用の口座に移すようなお金もありません。はたまた、うっかり貯金用の口座に多く入れすぎてしまい、残高不足で引き落としができてなかったなんてことにもなりかねません。

あまり貯金がない場合は、口座を分けるよりも**1つの口座でカードや光熱費の引き落としや今自分の貯金はいくらなのかを管理**できるほうが、生活的な意味で安全です。

そもそも「口座を開設して、毎月お金を移動させる」という手間をかけたからといってお金が貯まるかというと、まったくそうではありません。

銀行口座を用途別に分けるのも、お金を管理するための1つの手段です。

「お金を貯めよう」「すぐにお金を使わないようにしよう」「ちゃんとお金の管理をしよう」といった意気込みと、それをしっかり行動し続けることが何よりも大切です。

もちろん、それを実現するのに銀行口座を分ける方法が合っている人もいます。

他にお金を貯めるために管理する方法として、「必要なものが全部引き落とされた残りだけ別の口座に移す」「最初から封筒を使って管理する」「定期預金に預けてみる」「まとまった額を自宅に厳重にしまっておく」など、方法はいろいろあります。

これをやれば、絶対にお金が貯まるという方法はありません。逆に言えば、他の項目で解説した「使わないお金をつくる」ことができるのであれば、どのやり方でもいいのです。結局、続けられなければ意味がないですからね。

まずは、自分のライフスタイルや性格に合ったお金の管理方法をいろいろ考えてみてください。

お金を置いておくのに、銀行よりおすすめの場所

外出しているとなんだかんだお金に手をつけてしまうケースがたくさん潜んでいるものですが、そんなときに**すぐお金に手を付けられない場所は、実は家なんです。**

お給料が入ったら、銀行には、毎月引き落とされるもの+最低限生活に必要な金額だけにして、それ以外のお金は全部引き出します。

極力クレジットカードは使わず、でもポイントは見逃さないよう、何か買うときの

支払いは基本デビットカードにします。

デビットカードは、口座残高が足りなければ使うことができませんから、自分が最低限必要だと思っているお金が足りないのか、それとも多すぎるのかも判明します。

そして、引き出したお金は、まるっと全部家に置いておきます。

家にお金を置いておくことは「タンス預金」(昔の日本では物はタンスにしまうことからつけられたたとえ)なんて呼ばれて悪いイメージがあるかもしれません。

一般的に「タンス預金」の理由として、「銀行にお金を入れていても意味ないから」だとか、「税金対策になるから」「ＡＴＭ手数料がかからないから」「手元に現金があるのが安心」といったことが言われています。

しかし、銀行金利が低いのがわかりきっている今、金利目的で銀行にお金を預けている人はほぼいませんし、今どき、手数料をかけずにお金を引き出す方法もいくらでもあります。そもそも税金対策をするほど収入がない場合は関係ありません。

どの理由も、なんだか少し的外れです。

一方、「家に置いておくと、そこから少しずつ使ってしまうから意味がない」という話もあります。

ただ、コンビニなどでお金が簡単に下ろせてしまう今、働き盛りのミレニアル世代がむしろ手をつけづらいのは、**一番滞在時間が少ない家**なのです。クレジットカードやデビットカードをメインに使うようにすれば、無駄な現金を使うタイミングも少ないでしょう。

#自分とお金を切り離す

今回お伝えしている「タンス貯金」は、「家にお金を貯め込んじゃえ！」という理由からお金を家に置こうという話ではなく、**ついお金を引き出してしまいそうなタイミングで引き出せないよう、自分とお金を切り離す**ためです。

もちろん、家に置いておくとしても、毎朝そこからお金をお財布に移すようではダメですが、それこそクローゼットの奥底にしまったり、家族がいれば家族に管理してもらったり、家に置いておくお金は、**本当に最初からなかったものとして扱います**。

ただ、家にお金を置いていることがバレると、空き巣に狙われたり、万が一火災などで現金が燃えてしまった場合、保険などでも保障されない可能性もあります。

そういったリスクが不安だったり、銀行の残高があまりにもないのは、なんだか微妙に思ってしまう人は、全部引き出すのではなく、給料のうち数万円を引き出して家にしまっておき、なかったものとしてみてください。

これは、あくまで応急処置のようなもの。

本当にお金がないときに**出先で使わないようにする習慣をつける**ためで、永遠に続ける必要はありません。

自分が「お金がない！」と思わない程度にお金が貯まってきたら、銀行口座に移して、投資に挑戦してみるなど、増やすことにも目を向けてみましょう。

まずは少額でも無理矢理にでもお金をつくっていきたいものです。

趣味にどうしてもお金を使いたい人の貯金生活

多様化する趣味とともに変わったお金の使い方

お金のかからない趣味もありますが、多くの趣味にはお金がかかるものです。今月はピンチだなと思っていても、趣味のためにお金が必要となると、ついお金を使ってしまいますよね。

趣味に月使っていいお金は収入の何%と考えていても、なかなかそのとおりにはいかないのが現実です。

約20年前は、アウトドアやキャンプ、ゴルフ、スキーなどが趣味として多くの割合

を占めていたことを考えると、自分がどこかへ出向くのではなく、どこでも趣味を楽しめることができるようになったのも、近年の大きな特徴です。[*15]

インターネットやスマホの普及により、趣味も多様化してきました。

本体とソフトさえ買えば最後まで遊べるテレビゲームから、追加でお金を払うことにより有利になるオンラインのゲームが浸透しています。

また、実際に会場へ行かなくても、インターネットを使えばいつでもどこでも好きなアーティストのコンサートが観れるようになり、今ではスマホ1台あれば映画やドラマ、アニメも自由に見ることができます。

さらに、SNSの普及により、アニメやアイドル、俳優など、今まではテレビ画面、もしくは本や雑誌でしか触れ合うことができなかった存在に、時には本人から直接アクションがあったりと、より頻繁にオンライン上で触れ合う機会が増えました。

これらをうまく利用すれば、今は**まったくお金をかけずに趣味を楽しむこともできます**。

通信代などはかかりますが、アプリのゲームも、最初のダウンロードは無料なことが多いですし、YouTubeなどの無料の動画コンテンツも充実していますよね。

しかも、買うだけで完結していた時代から、お金を使えば使うほど、好きなコンテンツをより楽しむことができ、好きなものとの距離も身近になったことで、ファンのお金の使い方も以前より加速していると言えます。

#趣味に使っていいお金の計画が立てにくい時代の秘策

以前であれば、アウトドアやスポーツであれば利用料金、ゲームならソフト、アニメやアイドルならビデオ、CD、コンサート費用など、買うものは決まっていました。

つまり、趣味に使っていいお金の計画も、ある程度は立てやすかったのです。

しかし、今は違います。

時代が進化していくにつれ、お金をかけなくても楽しめるし、お金をかければより楽しむことができるという、趣味の楽しみ方も課金制になってきたのです。

やめようと思っても、**やめられない趣味のお金をうまくやりくりするキーワード**があります。

それは、**「後悔しないようにする」**です。

趣味を充実させるために、お給料はほとんど使って、クレジットカードはリボ払い、返済のために借金といった生活をしてしまうと、あとでとんでもない後悔をすることになります。

将来のために貯めているお金が少ないのであれば、やはり趣味に使いすぎている分は見直さなければなりません。

とはいえ、趣味によって使う金額がかなり異なります。

すごく使う月もあれば、まったく使わない月もあるでしょう。

収入の何%と決めてしまうのではなく、ある程度イベントや発売日など、お金を使うことがわかっているスケジュールで、それに向けて一度予算を考えてみましょう。

しかし、いずれにせよ、その後も将来のためのお金、趣味のためのお金も残していく必要があります。

将来のためのお金は、今すぐ使わないのを見越したお金の増やし方も選べます。

しかし、趣味のお金は、すぐ直近で使う場面が出てくる可能性もあります。

趣味のお金を効率的に貯めるためには、自分の中でお金を使うスケジュールをしっかり把握しておくことはとても重要です。

#趣味の出費が多い人へのアドバイス

常に何かがあるし、欲しいもので言えば無限にあるという人でも、趣味のためにも、将来のためにも、使えるお金は残していかなければなりません。

特に**趣味に出費が多くてきつい人は、せめてお給料3カ月分くらいは自由に使えるお金が残っている**くらいに、ある程度お金に余裕が出るまでは、「どうしても」というもの以外は我慢をしましょう。

そこを乗り切れば、少し気持ちも楽になるはずです。

また、ついたくさんそろえてしまい、貯まってしまいがちな趣味のものは、**定期的に見直して、いらないものは売る**ようにしましょう。

「いつか使うかも」と思っていても、やっぱり時が経つといらないものが出てくるものです。オークションやフリマサイトで売ってお金にすることで、そこで得たお金をまた次の趣味のための費用に充てることができます。

レアなものや旬なものであれば、思わぬ収入になるかもしれません。

#やり方次第で、趣味でお金を稼げる時代

今の時代であれば、**好きなことを仕事にできる可能性も大いにあります**。

趣味をSNSで発信していれば、それが話題になり、誰かの目に留まってコラムの依頼が来たり、載せていた写真が有名になって写真展ができたり、全世界へ発信することで、誰でもが趣味でお金を稼ぐチャンスが巡ってくる時代になりました。

趣味がいろいろな出会いや新しい発見を与えてくれて、人生を豊かにしてくれます。

ミレニアル世代が生きていく日本は、あまり明るい未来ではないとされていますが、いろいろな**趣味を楽しみながらお金を生み出せる可能性がある時代**に生まれたことは、とてもいいことの1つです。

しかし、お金がないと、いずれその趣味でさえ我慢しなければならないことになります。自分の生活と趣味のお金問題は、**「あとで後悔をしない」**をキーワードに、バランスを取っていきましょう。

お金を持っている世代のお金の増やし方は当てはまらない

バブルを知っている世代のお金の増やし方、残し方

そもそも私たちは、お金を増やすために持っているお金が少ないのが現状です。

ミレニアル世代が物心がついて社会に出た頃には、日本は経済が停滞している状況でした。増やすためのお金が少ないのであれば、もちろん増えるお金も少なくなりますよね。

一方、お金がある世代がお金を増やせた時代は、今とはまったく状況が異なります。

バブル[*16]期には、普通預金の金利は2％。定期預金が6％も金利がつく時代でした。

銀行の普通預金に100万円も残高があれば、2万円の利息がついたのです。今では考えられませんが、銀行にお金をただ置いておくだけで、今の何倍ものお金を受け取ることができていたことになります。

今は定期預金ですら、金利0・0いくつかが基本ですから、その差は圧倒的です。また、JRや地下鉄のような鉄道料金、小麦や牛乳、野菜など、以前より少しずつ価格が値上がりしています。

子供の頃より、お菓子のパッケージが小さくなって、中身も少なくなっているのに気づいている人もいるのではないでしょうか。

これは、つまり、以前より物価が高くなっているということなのです。

消費税が導入されたのが1989年。3%から10%とどんどん増えていきます。今50代~60代くらいの人が20代~30代だった頃には、**消費税も少なく、今よりも物価も安かった**のです。

バブル期少し前からバブル期を経てバブルが崩壊するまでは、**株式や不動産も、今の何倍も儲けやすい時代**でした。

2017年後半にあった仮想通貨のバブルのように、一度景気は良かったものの、その後の急激な経済事情の悪化による損を被った人もいるでしょう。

バブル崩壊後、理不尽なリストラをされるような人も多く、一概にすべての人にお金に余裕があったとは限りませんが、今に比べて、**お金を増やしやすい時代**だったのは間違いありません。

#残るお金が減り続けるミレニアル世代

手元に残ったり、増えたりするお金が違う一方で、入ってくるお金もここ数十年で大きく変わりました。

正社員ではなく、お給料も雇用も不安定な非正規社員として働く人も増え、ここ数年で改善されつつあるものの、失業率も1990年から2倍以上になった年もあったほど、職を失う人の数も増えました。

しかも、**失業者の多くの割合を占めているのが、25歳から34歳と、働き盛りの世代**なのです。

会社員であればお給料から引かれる**社会保険料**[*17]**も、平成に入ってから増え続けてい**

実は、34歳以下の失業率が高い

完全失業率の比較（1990年、2002年、2018年）

（単位：%）

年	月	総数	15〜64歳	15〜24歳	25〜34歳	35〜44歳	45〜54歳	55〜64歳	65歳以上
平成2年（1990）	1月	2.2	2.3	4.1	2.5	1.6	1.3	2.9	1.1
	2月	2.2	2.2	4.5	2.4	1.5	1.1	2.9	1.3
	3月	2.0	2.1	4.1	2.2	1.3	1.2	2.8	0.8
	4月	2.1	2.2	4.2	2.3	1.5	1.3	2.6	0.9
	5月	2.1	2.1	4.4	2.4	1.5	1.2	2.4	0.8
	6月	2.2	2.3	4.5	2.5	1.5	1.2	2.7	0.6
	7月	2.1	2.2	4.4	2.3	1.4	1.2	2.4	1.0
	8月	2.0	2.1	4.1	2.2	1.5	1.3	2.4	0.9
	9月	2.1	2.2	4.1	2.4	1.5	1.2	2.9	1.0
	10月	2.2	2.2	4.5	2.2	1.6	1.2	3.0	1.0
	11月	2.0	2.1	4.2	2.0	1.5	1.2	2.7	0.8
	12月	2.0	2.1	4.2	2.4	1.4	1.1	2.5	1.0
平成14年（2002）	1月	5.2	5.5	10.3	6.3	3.8	3.9	5.6	2.1
	2月	5.3	5.6	10.7	6.4	3.8	4.0	5.5	1.7
	3月	5.3	5.6	9.9	6.5	4.1	3.9	5.7	2.2
	4月	5.3	5.5	9.9	6.3	3.8	4.0	5.8	2.3
	5月	5.4	5.7	9.8	6.6	3.9	4.0	6.2	2.2
	6月	5.5	5.7	10.1	6.7	4.2	3.7	6.3	2.2
	7月	5.4	5.6	10.2	6.6	4.3	3.8	5.4	2.1
	8月	5.5	5.8	10.2	6.6	4.0	4.3	5.9	2.1
	9月	5.4	5.7	9.4	6.6	4.2	4.2	5.8	2.0
	10月	5.4	5.6	9.3	6.6	4.3	4.1	5.7	2.4
	11月	5.2	5.5	9.4	6.1	4.2	3.8	5.9	2.4
	12月	5.4	5.6	9.6	6.3	4.5	3.9	6.1	2.2
平成30年（2018）	1月	2.4	2.5	3.3	3.5	2.0	2.2	1.9	1.4
	2月	2.5	2.6	4.2	3.4	2.4	2.0	2.2	1.7
	3月	2.5	2.7	3.8	4.0	2.3	2.1	2.2	1.5
	4月	2.5	2.6	3.8	3.5	2.2	2.1	2.5	1.6
	5月	2.2	2.3	3.4	2.9	2.3	1.7	1.9	1.7
	6月	2.4	2.6	3.8	3.6	2.2	2.0	2.3	1.4
	7月	2.5	2.6	3.8	3.4	2.2	2.1	2.5	1.6
	8月	2.4	2.6	4.1	3.3	2.0	2.2	2.4	1.7
	9月	2.3	2.5	3.4	3.3	2.1	2.0	2.3	1.3
	10月	2.4	2.6	3.4	3.2	2.4	2.1	2.5	1.5
	11月	2.5	2.7	3.5	3.4	2.6	2.0	2.7	1.5

《出典》総務省統計局「労働力調査 長期時系列データ」を基に作成。

入ってくるお金が無い人が多いってことよね

2002年より改善したけど、25〜34歳が高いね

ます。２０１９年1月現在、いったんは固定化されているものの、今後引き上げられる可能性もあります。また、**以前はボーナスから社会保険料は引かれていませんでした**。

つまり、私たちに入ってくるお金自体も、どんどん減ってしまったのです。

「増やすためのお金をつくりたくても、ない」という決して明るいとは言えない状況です。

いきなりかなり景気が良くなることも考えられなくはないですが、むしろ、いきなり悪くなることのほうが現実的かもしれません。

それを踏まえると、一般的に良いと言われている「長期投資」（株を買ってすぐに取引するものではなく、ずっと長期にわたってその投資の商品を持っていることで利益を得る投資方法）も、ただほったらかして数十年そのままにしておくことが良い方向にいくとは限らなくなってきます。

＃ミレニアル世代に合った お金の増やし方がある

不変的な考え方や先人の知恵はとても参考になるし、大事なことです。

ただ、まずは現実的に考える必要があります。

私たちとそういった人たちとは、持っている金額も、増やせる金額も違います。

お金を持っている世代の人たちは、いとも簡単に「お給料の何割を貯金しましょう！」「投資しましょう」と言います。

ですが、それもなかなか難しい状況なのが、私たちの世代です。

今、お金を持っているとされる世代と私たちミレニアル世代は、**生まれた時期が違うのですから、取り巻く環境も、これから待ち受けているライフイベントも、何もかもが違います**。

親や上司など、その人たちの価値観で何かを言われても、へこむことはありません。

今は昔に比べてお金が増えない時代ですが、悪い話ばかりではありません。

インターネットの普及や副業の解禁などで、プラスアルファの収入をどんどん得やすい時代に向かっているのはとても良いニュースです。

どこかへ出向くことなく、アプリがあれば**不用品をお金に換えることができる**だけではなく、**自分自身のスキルを売って、気軽にお金を稼ぐことができる**環境になりました。

会社の収入だけを頼りにするのではなく、行動とアイデアひとつで、お金を増やすことができる時代になっています。

私たちは日本経済が停滞し、人口も減り、若者もどんどん減っていく中、スマホやＡＩのようなこれからますます発展する**テクノロジーをうまく活用し、新しい社会ならではのお金観を身につけて、それを活用できるチャンス**があります。

そして、増やすためのお金も少なく、増える可能性も低い中で、お金を増やしていくのです。

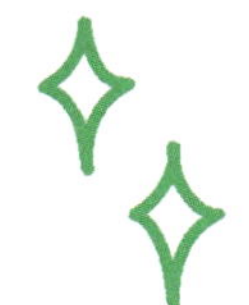

お金もないのに、20代でわざわざ投資する意味なんてあるの？

投資を始めるのは、早ければ早いほどいい

日本では20歳になると、親の承諾なしに証券口座（投資するための口座。銀行口座とは違うので、投資をしたい人は新しくつくらないといけない）をつくることができます。

とはいえ、「ハタチになったから、証券口座をつくらなくちゃ」なんて思う人、まったくと言っていいほどいませんよね。

社会人になっても、20代のうちはなかなかお給料も高くならない人がほとんど。投資をしてお金を増やしたいとは思いつつも、投資に回せるほどお金もないという人が

多いのではないでしょうか。

実際に、20代で投資をしている人は、とても少ないと言われています。

でも、間違いなく、**投資は若ければ若いほど早く始めるに越したことはありません**。

その理由はいくつかあります。

1つ目は、**早く始めれば始めるほど、目標とする金額に近づきやすい**という点です。

たとえば、「50歳までに1000万円貯めよう！」と思ったとして、40歳からそのために何か投資をしたり、やりくりをしてお金を貯めたのと、20歳から始めるのでは、目標を達成するまでに30年も差があります。

早く始めれば毎年ちょっとずつでも間に合いますが、遅く始めると、その分毎年増やしていかないといけないお金の金額も多くなります。

2つ目の理由は、**複利のメリットを受けやすい**という点です。

複利とは、投資した元手のお金についた利息も含めて、さらに投資に回せる仕組みです（そうではない仕組みを「単利」という）。

たとえば、100万円の元手に対して年5％の利息となると、利息は5万円です。

次の年は、100万円の元手にこの利息5万円を加えた105万円を元に利息を計算

投資は早く始めた分、複利のメリットがあるかも！

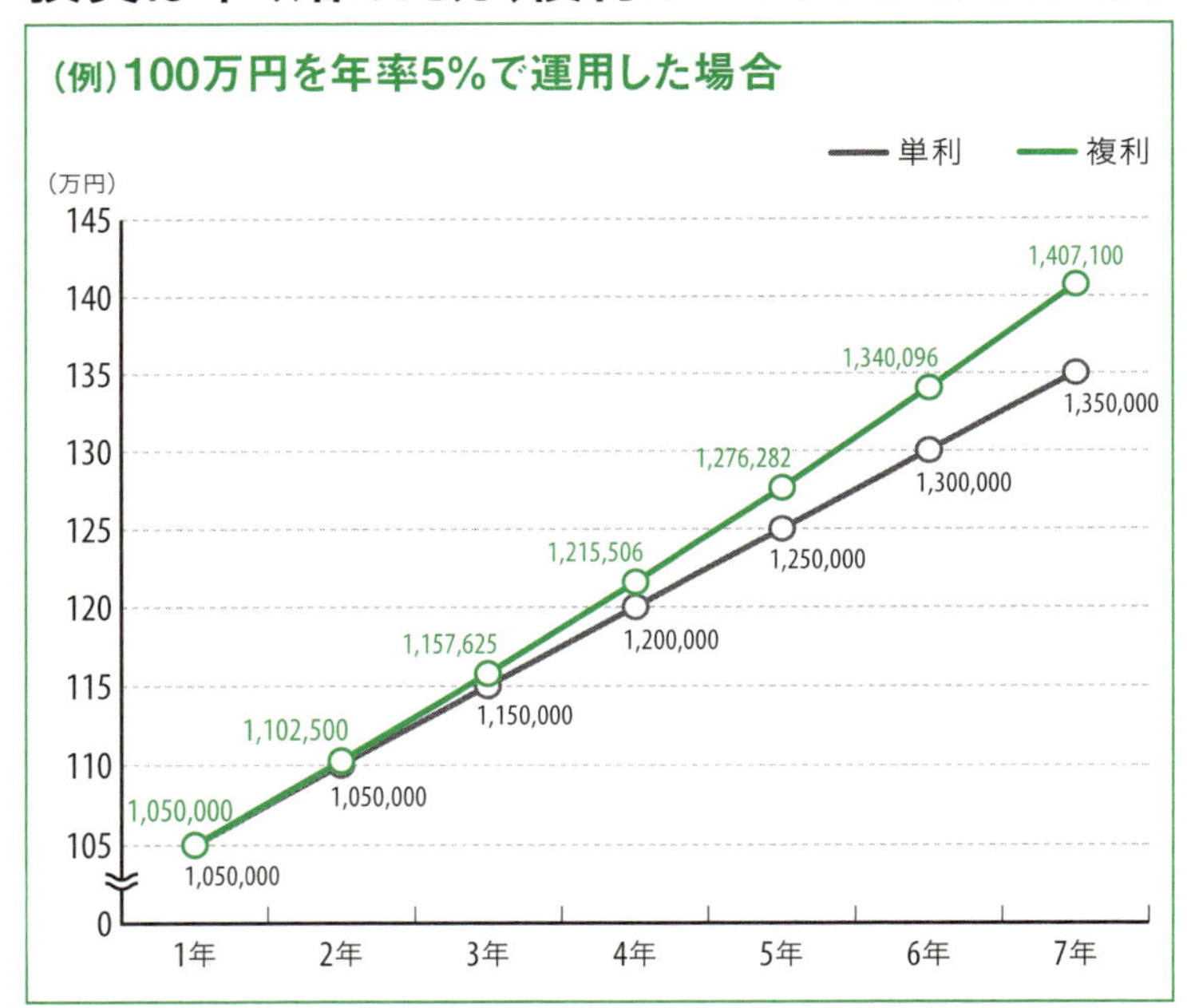

※ 手数料、税金等は考慮していない。

します。次の年の利息は5万2500円となり、どんどん増えていくのです。

つまり、期間が長くなればなるほど、もらえる利息も増えていくわけです。

また、若いうちだからこそ、**社会勉強としての価値**もあります。

どういった投資方法をとるにせよ、投資するときにはそのときの日本や海外の情勢を一度は調べてみるでしょう。気づいたらニュースをきちんと見るようになったり、今どういう企業が儲かっているのか考えるようになります。

こうした知識は、必ず何かの役に立ちます。

もしこの本を今読んでいるあなたが学生さんであれば、会社勤めになり、投資に費やす時間がとれなくなる前に、ぜひ何か始めてほしいのです。

#投資は少額からスタートできる

投資というと、「たくさんお金がいるんでしょ?」と思っている人がいるかもしれません。「もしかしたら投資をしても儲からないかもしれない」と思うと、やっぱり怖いと感じてしまう人も多いでしょう。

しかし、金額的な意味で言えば、**今はかなり少額から投資を始めることができます**。投資をまったく知らない人からすれば、投資のイメージは、どこかの企業の株を買うことではないでしょうか。

株式へ投資するにもいろいろな意味があります。

「安く買って高く売る」ことで儲けを得る、長く保有することで利益を得る、株主優待をもらうなどが挙げられます。

一般的に、株式は「この株を買うなら、最低いくらですよ」という金額があり、有名企業だとなかなか手が出せない金額であることがほとんどなのですが、今はアプリ上で1000円からアメリカや日本の有名企業の株を買えるものもあります。

そのアプリでは、普通の証券会社であれば、購入金額も高くて買えないような株を安く持つことができ、スマホで売買が行なえるのもいいところです。

しかし、手数料が高かったり、売買しなければ利益が得られなかったり、株主優待をもらうには少額ではダメだったりというデメリットもあります。

#働き盛りで時間がなく、初心者におすすめの投資法

安く買って高く売って利益を得るには、いろいろと考えてから始めなければいけません。直感でサクッというわけにはいかず、時間がないとなかなかできません。

一方、**投資信託**は、一般的の株を売買する株式投資とは異なり、自分でどこかの会社の株を1つずつ選んで買うのではなく、一定のお金を証券会社を通して投資のプロに預け、そのプロに売買や運用をお任せする、いわゆる詰め合わせ商品のようなものです。

自分で株を選ぶとなると、「どこへ投資しよう」「いつ売ったらいいんだろう」と悩んだり、しっかりと勉強する必要があります。プロに頼む分、手数料なども取られますが、働き盛りで時間のない人にはリスクが少ない投資だと言えるでしょう。

最近では、**「つみたてNISA」**[*18]という制度も始まりました。

手間が少ない積み立ての投資信託で、数ある投資信託の中から金融庁の基準を満たしたものから選ぶことができ、普通に投資するとかかってしまう税金がかからないというものです。

年間40万円ですが、税金がかからない期間は20年間。

普通に投資信託を選ぶのであれば、かなりの数から選ぶ必要がありますが、販売手数料が0円で、その他の手数料も低いものが最初から絞られており、初心者にはありがたい制度です。

また、**投資信託は、かなり少額から始められる**のも初心者にとってハードルが低いポイントです。

投資信託で毎月積み立てていくものであれば、たったの100円から始めることができます。かなり少額ですよね。銀行に毎月100円預けているだけではまったくお金は増えませんが、毎月100円投資信託を積み立てていけば、もちろん減る可能性もありますが、増える可能性もあります。

金額が少なければ、増えるお金も少ないですが、金額はいつでも増やすことができるので、少しずつでも、早いうちから行動するに越したことはありません。

ただ、投資信託は、長期保有（長くその投資商品を持つこと）が前提です。

どの投資もそうですが、先が見えないこともあり、長期であることがリスクにつながる可能性もあります。

ですが、他の投資方法に比べて、初心者が長く投資を続けることを考えたら、今の現状では投資信託が一番無難でしょう。なお、国債のようにかけた分のお金が減らないことが保証されているようなものもあります。

お金の増やし方はさまざまです。

その増やす手段の1つとして、ただお金を置いておくだけでは増えないこの時代だからこそ、20代はもちろん、少しでも早く投資を始めればさまざまなライフイベントが待ち受けている30代、40代になったときに、使えるお金も増えているでしょう。

早く始めないということは、お金が増えるチャンスを逃していることになるのです。

投資をすれば、簡単に数千万単位で儲かる？

#銀行に預けているだけで、手数料が取られる時代になるかも

今は銀行口座に預けているだけでは、お金が増えない時代です。聞いたことがある人も多いかもしれませんが、いわゆるメガバンク（三菱東京UFJ銀行、みずほ銀行、三井住友銀行、りそな銀行など）の金利は0・001％。つまり、100万円預けて、やっと10円の利息を受け取れます。普段銀行を利用する際に払っている手数料よりもずっと少ないですよね。

ネットバンクでは少し金利が高いものもありますが、それでもバブル期の頃の金利

銀行に預けているだけで減っていく!?

普通預金・定期預金の金利

（単位：年%）

系列名称	定期預金／預入金額1千万円以上／1年	普通預金
2007.10.1	**0.401**	**0.198**
2008.11.10	**0.394**	**0.151**
2008.11.17	**0.371**	**0.120**
2008.11.24	**0.346**	**0.119**
2008.12.29	**0.312**	**0.057**
2009.2.2	**0.296**	**0.040**
2009.4.20	**0.283**	**0.039**
2010.7.5	**0.087**	**0.028**
2010.9.13	**0.084**	**0.020**
2016.2.22	**0.026**	**0.018**
2016.3.14	**0.023**	**0.008**
2016.4.11	**0.020**	**0.003**
2016.5.23	**0.017**	**0.002**
2016.10.3	**0.015**	**0.001**
2018.12.24	**0.011**	**0.001**

《出典》日本銀行「主要時系列統計データ表 預金種類別店頭表示金利の平均年利率等（週次〈月曜基準〉）」を基に作成

昔は銀行に
預けているだけで、
こんなに増えて
いたのね

時間外に
お金を引き出す
手数料のほうが高い。
つまり減る

のように高いものはありません。

今は金利が下がるだけで済んでいますが、今後、銀行の経営が悪化すれば、「預けているだけで、利息の代わりに手数料が取られる」可能性も考えられます。

#投資超初心者のためのリスクを避ける方法

リスクをとれば大金を稼ぐこともできるかもしれませんが、そうは言ってもそこまで損はしたくないという人がほとんどでしょう。

リスクを避けるには、いくつか方法があります。

まずは、投資を分散させることです。いわゆる**「分散投資」**です。

1つの投資だけだと、それが失敗してしまったとき、損という結果だけが残ってしまいます。

しかし、いくつかの投資を同時で行なっていれば、1つは損しているものがあっても、他は利益を出しているかもしれません。そうすれば、トータルでは損をしておらず、結果的にプラスになることもあり得ます。

投資信託などの投資先を選ぶのは、**一本勝負ではなく、広く浅く**というイメージです。

また、先ほどから少しずつお伝えしていますが、**短期的な投資よりも長期的な投資**のほうがリスクも少なくなります。

短期での投資は、損切りのタイミングも難しく、取引できる時間が限られているため、普通に昼間働いていると、なかなか手をつけることができません。

長期投資は、その投資先が下がるときも上がるときも、基本的に放置して持っているだけ。利益も損失も平均化されます。

しかし、投資先が海外であれば事情が変わりますが、日本の経済状況を考えると、以前であれば長期投資がほぼ確実に安心安全と言われてきましたが、長期的に投資をすることが将来的に良い方向へ必ずしもいくとは限らないのが悩ましいところです。

#自分の性格やスタイルに合った投資法を選ぶ

いずれにせよ、自分に合ったやり方を選ぶのが一番です。

短期的にサクッと投資する時間をつくって儲けたいのであれば、少し多くのお金をかけてリスクはあるけれどより利益が出やすい方法をとる、投資について勉強する時間もかける時間もあまりとれないから、リスクも減らして利益は少しずつを選ぶのももちろんＯＫ。

お金を増やす方法にもいろいろありますが、今後私たちが将来のためのお金を増やすためには、何かしらの投資をしていかなければならないのは間違いありません。

中には、リスクがある投資でも、ほんの少額しか使わずうまく取り組んで、大金を手にした人がいるのも事実です。しかし、良い話にはリスクはつきもので、全員が全員、簡単にたくさん儲かるほど、甘くありません。

儲けをとるのか、リスクをより少ない方法をとるのか、何をとるのかは自分次第。

情報を得る手段はいくらでもあります。

決して無理はしないように、自分の経済状況やライフスタイルに合った投資を選んでみてください。

新しいサービスの積極活用がお金をつくる近道

#「iDeCo」を利用したほうがいい人、今は控えたほうがいい人

時代の変化に伴い、携帯電話がスマホに、パソコンがタブレットに、ブラウン管テレビが薄型テレビに……と、昔からあったものがどんどん進化し、新しいものが生み出されるように、お金に関する仕組みや制度も、どんどん変化し、進化しています。

国が投資を促進しようと始めた「NISA」[*19]や「つみたてNISA」のように、より多くの人が利用できるよう2017年に変更されたのが、**「確定拠出年金」**[*20]、いわゆる**「iDeCo」**です。

確定拠出年金は、簡単に言えば**「60歳まで引き出せない年金を自分でつくる」**という制度です。

毎月の積立額は、自分で投資先を選んで運用していきます。

今までは、自営業や年金制度のない会社員でなければ利用できなかったのが、2017年からは公務員、年金制度のある会社員、専業主婦・主夫でも加入できることになりました。

将来もらえる年金が、会社員だった人がもらえる年金に比べてとても少ない自営業や専業主婦・主夫にとって、将来もらえる年金を増やすことのできる制度の1つです。

また、積み立てた金額が税金を計算するための所得控除の対象となり、所得税と住民税を減らすことができたり、普通の投資であればかかる利益が非課税、将来受け取る際にも税金のメリットがあるなど、普通の会社員にとっても年金としてお金をつくること以外のメリットもあります。

ただ、投資先が絞られているにせよ、投資なので、かけた金額より減ってしまう可能性があること、**原則60歳まで引き出せない**のはネックです。

最低金額5000円から始めることができますが、「お金がないから今月はストップ」なんてことはできません。

こうした流動性のないお金をつくってしまうのはリスクでもあるので、そもそも今現在、口座残高が少ないのであれば、今すぐに始めるのは得策ではありません。

#メガバンクよりお得なネットバンク

今や誰もが1つはネットバンクの口座を持つ時代です。セブン銀行、イオン銀行、じぶん銀行など、私たちの生活にもより身近に、そして便利になっています。

また、ネットバンクは**金利やサービスがメガバンクよりも優れている**のが特徴です。

ネットバンクは取引をすると、auやイオンなどで使えるポイントが貯まるなど、銀行以外の部分と紐づいているため、その銀行を使うことで、他の何かでメリットがあるのが当然なのです。

メガバンクの定期預金にお金を数カ月預けるのと、ネットバンクの定期預金にお金を預けるのとでは、10倍も金利が違う場合もあります。

100

#貯金が苦手な人におすすめ「おつり貯金」

定期預金としてまとまったお金ではなく、ちょっとずつでもいいから貯めていけたらいいと考える人は、「おつり貯金」のサービス（「しらたま」「finbee」など）を使ってみてはどうでしょうか。

おつり貯金とは、アプリを使ったサービスで、**クレジットカードやデビットカードで買い物をした際に、決めた設定金額と実際支払った金額の差額を、自動的に口座に貯金として貯めることができる**ものです。

たとえば１００円の設定金額で70円の買い物をしたら30円が貯まり、１０００円の設定金額で７００円の買い物をしたら、３００円の貯金が貯まるという仕組みです。

アプリによっては、一定の歩数にいったら貯金、特定の場所に行ったら貯金など、ゲームのように貯金をできるものもあります。

対応している銀行がまだ限られてはいますが、貯まったお金はいつでも引き出すことができ、**知らないうちに貯まっている**ので、貯金が苦手な人にこそおすすめです。

とはいえ、貯まる金額は少しずつなので、これだけでお金を貯めていくのではなく、お金を残していくきっかけとして始めるのがいいと思います。

同じ仕組みでおつり分を投資する「おつり投資」のアプリもあります。

ただ、2019年1月現在、こちらは手数料やサービスを利用するのに月額料金がかかったりと、まだまだお得とは言い切れない状況です。今後もっといろんなサービスが出てくれば、よりお得なものが出てくるはずです。

貯金はあくまで貯金で、増えることはないので、おつり貯金で貯めた一部を、投資の初めの一歩として、毎月100円積み立ての投資信託に回してもいいかもしれませんね。

#クレジットカードよりポイント還元率が高い決済サービスも登場

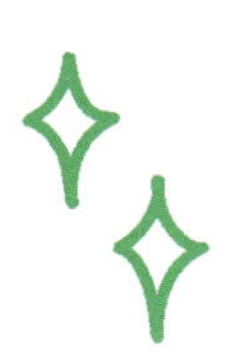

キャッシュレス化が進むとともに、新しい決済サービスもどんどん登場しています。

スマホとクレジットカードを紐づけることにより、スマホをかざすだけでも何かを買うことができるようになりました。

「PayPay」「LINE pay」「Kyash」といった決済サービスは、クレジットカード機能もあり、支払いがスマホだけで完結する便利さを持ち合わせているだけでなく、一般的なクレジットカードよりもポイント還元率が高い、コンビニなどの生活に根づいた場所で気軽に使えるなど、現金で支払うのがもったいないと思うほどです。

今では、ポイントカードもほとんどがアプリになっており、ポイントのもらい忘れも防ぐことができます。

クレジットカードのポイントで投資信託を買うことができたり、スマホだけでも株式投資をすることができたり、クレジットカードや投資がインターネットやスマホの普及により、ぐっと私たちに身近になってきました。

こうした情報をつかみ、実行していく人ほど、お金強者になっていきます。

今後もテクノロジーやFinTech（金融制度の新しいテクノロジー）の発展により、いろんなサービスが出てくるはず。

そういった新サービスをうまく活用していくことが、ミレニアル世代がお金をつくるために必須になっていくでしょう。

第4章

リアルなお金のミライ

なんか
お金もないし
このまま景気も
よくなさそうだし

私たち
「ミレニアル世代」の
今後って大丈夫
なのかなぁ〜？

「少子高齢化」も
お金と深い関係が
あるっていうけど

私たちの
お金に
どう影響が
あるんだろう？

ぐたいてきな
イメージを
もって
おきたいね!!

でもきちんと
「選挙」に行ったり
仕事を選んで
ステップアップしたり

新しい時代だからこそ
お金が稼ぎやすく
なってる部分も
あるよね!!

日本の未来は心配だし
「ミレニアル世代」は
ちょっと辛いことも
あるかもだけど

みんなで協力しながら
「自分の行動たった一つ」
でお金も選択肢も
自由に増やせる
時代へ!!

長く続く不況……私たちはこれからどう向き合う？

#景気が悪いのは当たり前の世代

日本経済は、好景気が続いた安定成長期が終わり、バブルがはじけると、1990年代からは「平成不況」や「失われた20年」と呼ばれる景気が悪い時代が続いていました。

「景気が悪い」とはどういう状態かと言うと、日本としての利益を生むための生産が減り、雇用も減って、倒産する会社も増えて、利子も下がり、物価も下がって、お給料も減って……。

改めて文字にして読むと、より悲惨ですよね。

実際にどういった環境で育ってきたのかを、数字と一緒に振り返っていきましょう。

文部科学省の学校基本調査によれば、1992年には80％を超えていた大卒の就職率が、2003年には55％に下がりました。つまり、10年ちょっとの間に約30％も減ってしまったことになります。

そこから徐々に増えたり減ったりしながら、2017年には76・1％（正規・非正規含む）まで回復しました。今でも雇用が不安定と言われていますが、2000年代初頭は、数字で見ても、いわゆる就職氷河期であったと言えます。

また、**1世帯当たりの平均所得も、1994年から約10年の間で100万円近く低くなっています**。所得が減っているということは、単純に考えると、収入も減って、使えるお金も減っていることになります。

私たち世代が物心ついた頃には不景気だったこともあり、あまり実感はないと思うのですが、そんな時代に生まれ、育ってきたのが私たちなのです。

#これから先、景気が良くなるのか？

アベノミクス（安倍晋三が第二次安倍内閣で、経済を良くするために打ち出した政策）以降、景気もゆるやかに回復してきたというニュースを聞くようになりました。

しかし、いくら景気が回復してきたと発表されても、実際に私たちの体感として生活が豊かになるまでにはかなりの時間がかかります。

物価も安くて、お給料もたくさん入って、家も車も趣味もいくらでもお金をかけられるような状況になることは絶対にありえません。そんな社会になってほしいものですが……。

むしろ少子高齢化の影響もあって、日本経済を支える働き手がどんどん減り、ものすごく画期的な何かがない限り、すぐに景気が良くなることも、いわゆるバブルのように日本全体の経済が潤うという状況になることもないでしょう。

景気が悪いのが当たり前で育ってきた世代としては、じわじわと不景気になっていくという様子が体感ではわかりません。

そんな社会がデフォルトな私たちは、所得自体が減っている影響もありますが、「使う」ことより「貯める」ことを意識したり、全体的にお金にシビアな世代とも言えます。

ミレニアル世代、そしてこれからの日本の経済を取り巻く環境は、決していいものとは言えないでしょう。

そんな実感は誰もがあるからか、実際に日本から出たほうがマシ、子供は日本で育てたくないという声もよく耳にします。きっと読者の皆さんの中にも、そんなふうに思っている人もいるのはないでしょうか。

もちろん、そういったいろんな選択肢を増やすためにもお金は必要不可欠です。

少しでも明るい未来をつくるためにも、私たちが置かれている現状に一人ひとりがしっかりと向き合って、自分自身で自分の人生や家族のためのお金の対策をしていかなければならないのです。

日本で暮らすミレニアル世代に待ち受けているもの

ミレニアル世代が「少子高齢化」で受ける影響

人生100年時代。これからあと何十年も、私たちは基本的には日本で生きていくことになります。きっと皆さんのほとんどが、漠然と「将来が不安」だと思っているのではないでしょうか。

まず、**「少子高齢化」**。

後ほど詳しくお話ししますが、少子高齢化は止まることなく、これから日本はどんどん人口が減っていくとされています。少子高齢化がもたらす影響はとても重く、人口が減り経済が縮小していくことで、何も対策を立てなければ、私たち働き手世代の社会保障費などの負担がどんどん増えていくことになります。

日本は**普通に勤めているだけではお給料が上がりづらくなっている**状態にあります。

平成に入る前は、**全体の割合**[*21]で見ると、前年に比べて6%、9%賃金が上昇するという年もあったのですが、だんだんと伸び率が悪くなり、平成に入ってからは増えても前年と比べて1%台の少しの増加、さらには前年より伸び率がマイナスという年が続くこともありました。

「少子高齢化は、経済に関係がない」という声もあります。

しかし、少子高齢化が大幅に改善されるようなことがない限り、働き手がどんどん減るのですから、日本全体の景気が以前のようにとても上り調子になりお給料も増加し続けるなんてことは、なかなか厳しいことだと思っておかなければなりません。

#ミレニアル世代が「給料が上がらない環境」で受ける影響

満足のいくお給料がもらえてないという人の中には、正社員ではなく、派遣社員として働いている人もいるかと思います。

最近では一時期に比べ正社員の数も増加しつつありますが、かと言って派遣社員を含む非正規社員の数は減少しているというわけではなく、**非正規社員の数も相変わらず増加**しています。

結婚出産育児などで仕事の空白期間がどうしてもできてしまう女性と同じく、派遣社員だけでなくパートやアルバイトを含んでいる数字ではありますが、非正規社員の場合は、男性でも収入のボリュームゾーンが100〜199万円台という低い数値となっているのです。

「働きすぎ」による過労死や精神的な病気の問題が表面化したことで、社会的には「残業をしない」「残業をさせない」ような流れとなっています。

ただ一方で、**基本給がなかなか上がらないことに加え、特に若い人たちは基本給がそもそも低いため、残業代を頼りにしていた人もいます**。

より多くの収入を得るために、自分のプライベートな時間を削りに削るなんて絶対に良くないことなのに、ほとんどの人がそれが当たり前になっていたのが近年の日本

非正規社員の収入が低い現実

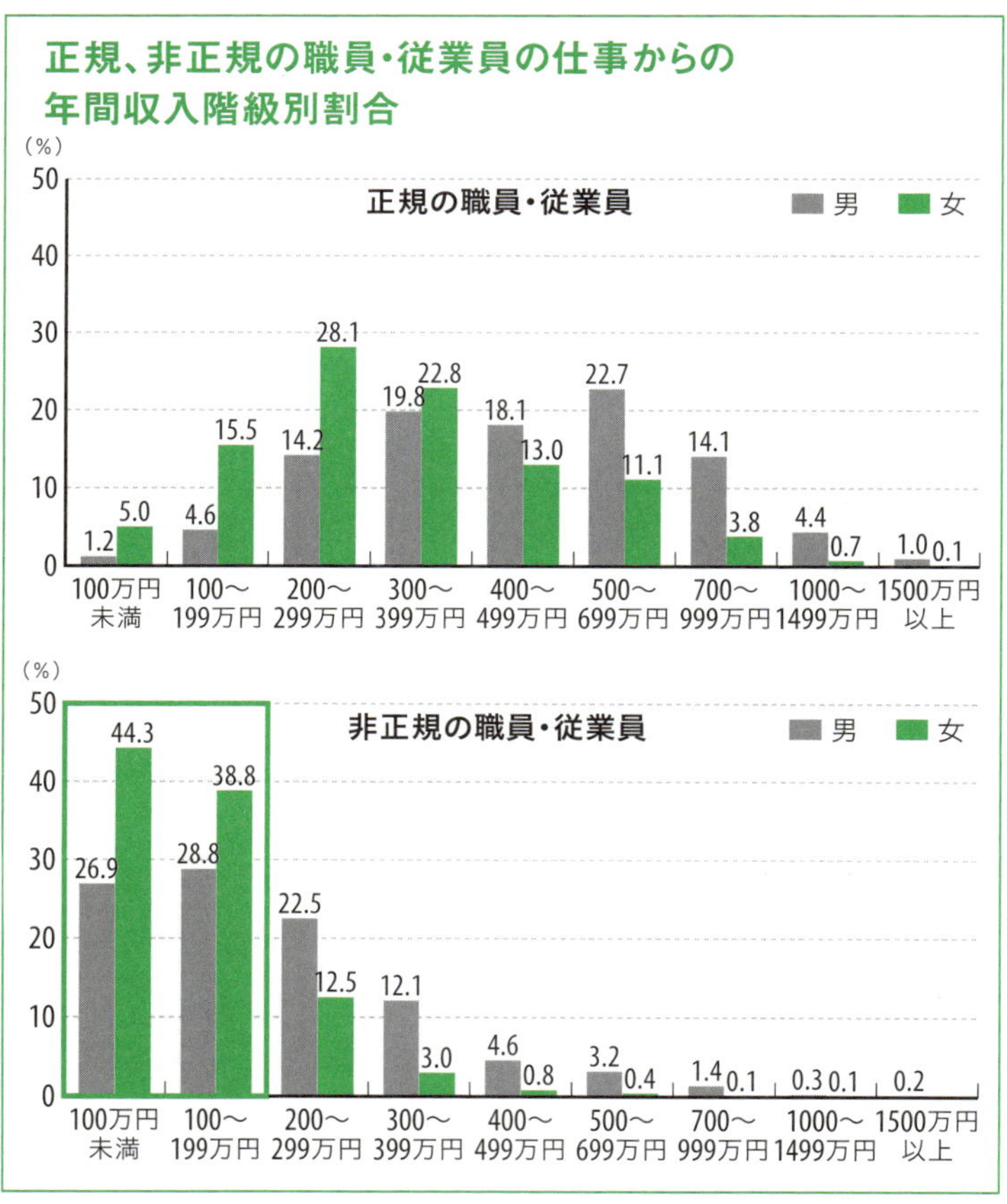

《注釈》1.割合は、仕事からの年間収入階級別内訳の合計に占める割合を示す。
2.仕事からの年間収入階級のうち、「500〜699万円」以上は、階級幅が異なるので注意が必要。
3.「−」は該当数値のないことを示す。

《出典》総務省統計局「労働力調査(詳細集計)平成29年(2017年)平均(速報)」を基に作成

正規・非正規で
こんなに違うんだ

非正規の一番多い
割合の金額じゃ
暮らしていくのが
大変だよね

社会です。

遅くまで働いて残業代が出ればまだいいほうで、どんなに働いても決まったお給料しかもらえないような、いわゆるブラック企業もあります。

そういった状況が社会的に問題となった結果、徐々に改善しようとする動きもあるものの、今後の私たち世代の収入が大幅に上がっていくわけではありません。

#嘆いても変わらないから、コレをやる

こうした背景もあり、私たち世代は、

「お金がないから結婚ができない」

「子育てをするお金がない」

「今の生活で精いっぱいなのに、将来は大丈夫なのだろうか」

といった、さらなる不安を抱えたまま生活することになります。

不安が解消されないために、消費も投資もせず、将来に対して消極的になった結果、より少子高齢化、経済の縮小が進んでしまうという悪循環に陥っているのです。

とはいえ、結婚や子育てに限らず、自分の思い描いた生活がしたいのにできないという状況は、とても苦しいものです。

なぜ私たち世代がそんな思いをしなければいけないのかと、つい思ってしまいます。

ミレニアル世代の私たちは、まだまだ長い人生を過ごしていきます。

思うような収入を得ることができず苦しい暮らしだと、今の状態をただただ嘆くことはできますが、それでは何も変わりませんし、誰も助けてはくれません。

普通に暮らしているだけでは、自分の親世代のような暮らし、親が自分にしてくれたような暮らしをすることはもうできないのです。

不安材料の根本を変えることはなかなか難しいのですが、今、自分自身のために、そして未来の子供のために、**自分で自分のお金をつくるために情報を得て、自分で行動しなければならない時代に直面している**のです。

少子高齢化と私たちのお金の深い関係

#「少子高齢化」で起こる事態をシミュレーションしてみた

「少子高齢化が深刻」という話は、誰しもが必ず一度は聞いたことがあるはずです。「高齢者が増えると、介護や医療の問題が増える」ということは、なんとなく想像できると思うのですが、それだけでなく、少子高齢化は日本の経済にも深刻な影響を与える出来事なんです。

その影響は、私たちミレニアル世代以降がモロに受けることになるから、とても厄介です。

まずは複雑な構造は抜きにして、少子高齢化が私たち世代のお金に与える影響を簡単な流れにまとめてみます。

【1】子供が減るということは、人口が減ること。

↓

【2】人口が減るということは、働く人が減ること。

↓

【3】働く人が減るということは、日本の会社を支える人がいなくなること。

↓

【4】日本の会社を支える人が人がいなくなるということは、日本の経済が小さくなるということ。

↓

【5】経済が小さくなるということは、働く人に入るお給料も減るということ。

また、次のようなことも同時に起こります。

【1】高齢者が増えるということは、働けない高齢者を支えるための社会保障費が増える。

↓

【2】現役世代として、税金を納める働く人が少なくなっていく。

↓

【3】働く人が少ないにもかかわらず、一人ひとりの社会保障費の負担が増えていく。

つまり、

・子供が減ると人口も減る。
・働く現役世代も減る。
・現役世代が支える高齢者の数が増える。
・一人ひとりが負担する社会保障費が増える。

・日本がどんどん貧しくなっていく。
・私たちの手元に残るお金も少なくなっていく。

というわけです。
悪いこと尽くしで驚きますよね。

#高齢者を支える人が少なくなるということは……

次はもっと詳しく数字を見ながら、少子高齢化を追っていきましょう。
日本の人口は２００８年の約1億２８０３万人をピークに、２０１１年に大幅な減少を迎えてから、減少をたどる一方となり、２０１８年現在では、約1億２６４９万人となっています。
数字だけで見ると、あまり減少しているようには見えないかもしれません。
しかし、それまでは増加もしくは横ばいだった人口が、たった10年で２００万人近

日本の人口が急速に減少中!

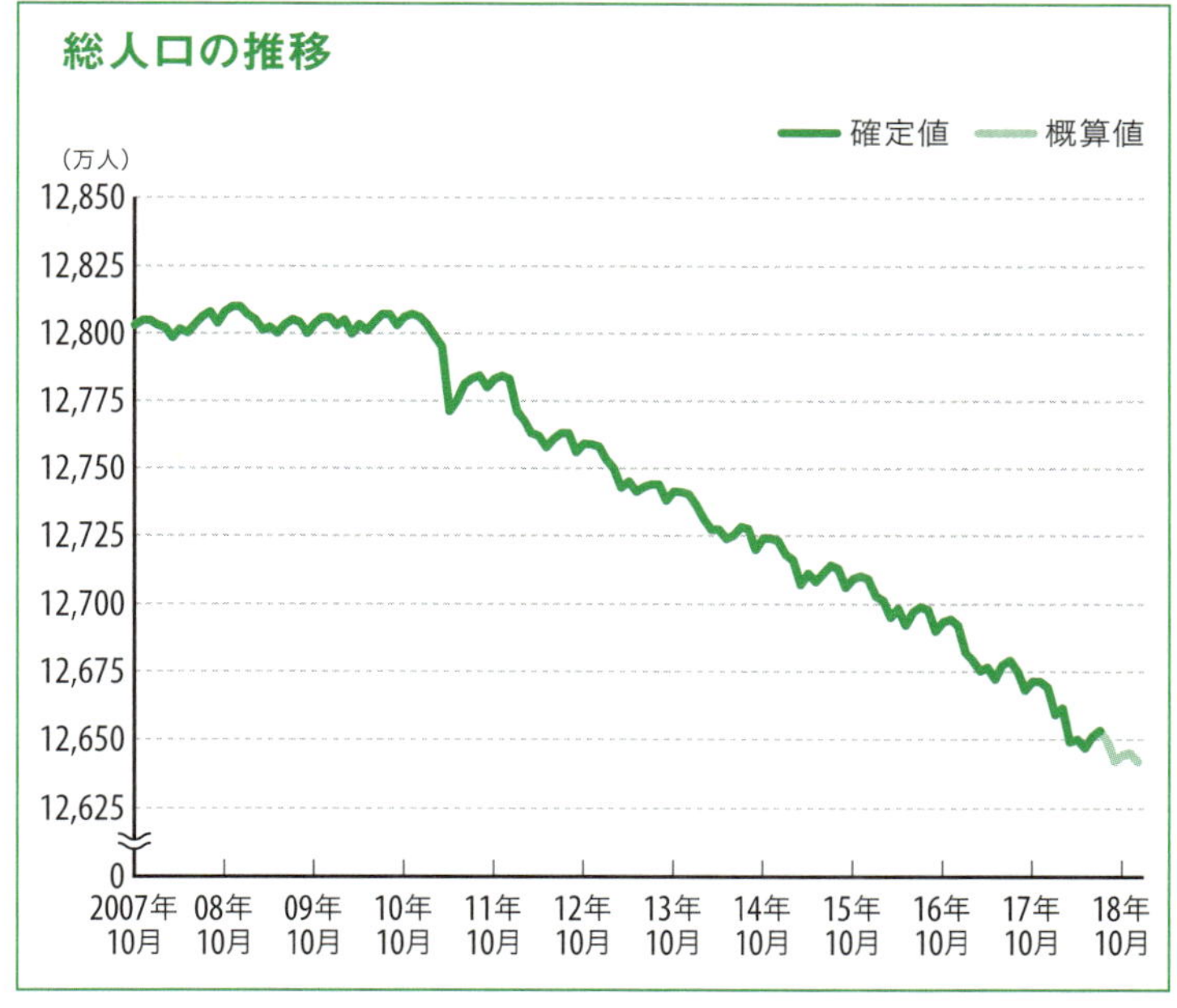

《出典》総務省統計局「人口推計(平成30年(2018年)7月確定値, 平成30年(2018年)12月概算値)」を基に作成

く減るというのは、かなり早いスピードだと思ってください。

さらに、国立社会保障・人口問題研究所は、日本の将来推計人口として、驚くべき結果を発表しました。

日本の人口は、2040年には1億1092万人、2060年には1億人を切って9284万人となるというものです。ただ人口が減るだけならまだしも、この推計では、**私たち世代に大きな負担が出る**ことを予測しています。

それは、人口推計です。人口のうちのそれぞれの世代がどれくらいの割合を占めるのかということです。

中でも0歳から14歳の子供の割合がどんどん減少していき、2040年には1194万人、2060年には951万人に減っていくとされているのです。

これがどれだけ信じがたい数字かというと、2018年現在の東京都の人口が約1300万人なので、2040年には現在の東京都の人口よりも日本中の子供の数が少ないという事態が訪れるのです。

また、働き盛りの世代もどんどん減少していき、2060年までいくと現在の半分程度の人数になるとされています。

日本全体の人口が減る上に、子供もどんどん減り、働き盛りもますます減る

日本の将来推計人口（平成29年推計）

出生率仮定[長期の合計特殊出生率]		平成29年推計中位仮定[1.35]
死亡率仮定[長期の平均寿命]		男＝84.95年 女＝91.35年
総人口	平成27（2015）年	12,709万人
	平成52（2040）年	11,092万人
	平成72（2060）年	9,284万人
	平成77（2065）年	8,808万人
年少（0〜14歳）人口	平成27（2015）年	1,595万人（12.5%）
	平成52（2040）年	1,194万人（10.8%）
	平成72（2060）年	951万人（10.2%）
	平成77（2065）年	898万人（10.2%）
生産年齢（15〜64歳）人口	平成27（2015）年	7,728万人（60.8%）
	平成52（2040）年	5,978万人（53.9%）
	平成72（2060）年	4,793万人（51.6%）
	平成77（2065）年	4,529万人（51.4%）
老年（65歳以上）人口	平成27（2015）年	3,387万人（26.6%）
	平成52（2040）年	3,921万人（35.3%）
	平成72（2060）年	3,540万人（38.1%）
	平成77（2065）年	3,381万人（38.4%）

《注釈》平成29年推計の平成77（2065）年の数値は長期参考推計結果による。
《出典》国立社会保障・人口問題研究所「日本の将来推計人口（平成29年推計）」を基に作成。

65歳以上は
ほぼ人数は横ばい。
ってことは若い世代の
負担大だわ

2060年には
働く人（生産年齢）が
ほぼ半分に
なっちゃう！

その一方で、65歳以上の人口はほぼ横ばい。

必ずしもこの推計のとおりになるとは限りませんが、数字を追っていくと、日本の社会がどれだけ小さくなっていくのか、少子化がどれだけ進むのか、日本を支えていくにあたって一人ひとりにどれだけ負担が生まれていくのかが、より具体的に感じられますよね。

人口の減少が顕著になっていく2060年あたりは、もはや私たちも高齢者の部類に入り、私たちの子供世代や孫世代が現役世代になっています。

自分のこれからの生活や老後だけでなく、自分たちの子孫の世代にいくにつれて、少子高齢化が私たち自身のお金に及ぼす影響は大きくなってしまうのです。

少子高齢化に向けて、私たちができること

医療の発達により人生100年時代となり、長生きの高齢者が増えていく中で、特に深刻な少子化に対してもちろん政府が何も対策していないわけではありません。

しかし、その対策のおかげでいきなり爆発的に子供が増えることもないでしょう。また、長く続く不景気の影響で、男性も女性も、それぞれ抱える仕事やライフスタイルが多様化していく今の社会で、**「子供をつくること・育てること」**の不安が、**若者の中でぬぐえない不安の1つとして根付いてしまっている**のかもしれません。

そんな中で、少子高齢化の解決には、何年、何十年、私たちが死んだ後の世界でやっといい方向へ向かうだろうというのが、今の現実だと言えます。

とはいえ、私たち自身も自分たちが生きていく日本の経済をいいものにしていくために、何もしないでいるわけにはいきません。

「少子高齢化を止めたい！」と思ったとしても、子供を増やすことも、高齢化を止めることも、自分たちで今すぐにどうこうできる問題ではないのがもどかしいところです。

でも、この悪循環を断ち切るためにも、**少子高齢化が私たちのお金に及ぼす影響を一人ひとりがまずはきちんと理解し、自分たちのお金に影響があることを意識する**ことに何より意味があるのです。

奨学金とのうまい付き合い方

#学生の2人に1人が借りている

「少子化」の1つの要因であるとも言われている「奨学金」。

皆さんの中にも、学生時代に奨学金を借りて、現在毎月返済していて、今後も返済を続けていくという人が、きっとたくさんいるはずです。

「毎月数万円、こんなに返していかなければならないと思わなかった。それがなかったらもう少し贅沢(ぜいたく)できるのに……」と思っている人もいるでしょう。

実際に**奨学金を受給している人は、この20年ほどで2倍以上も増えています**。
平成の初めの頃には学生のうちの約20％ほどの割合だったのが、平成28年度には約

2倍の48・9%になっています。

数字だけで見れば、学生のうち2人に1人が奨学金を借りていることになります。

その背景には、日本の経済が停滞し、家計そのものの収入が減ったことが大きく影響しています。

1998年には、大学に通う学生の家庭のうち、一番多い割合を占めていたのが年間収入約1000万円の家庭でした。しかし、2016年に一番多い割合を占めているのは、年間収入が約500万円の家庭です。[*22]

元々は無利子であることを前提として創設された奨学金制度ですが、1999年に有利子での奨学金の条件が緩和され受給する人数が増えたというのも、原因の1つです。

#滞納するとどうなるか?

奨学金制度は、お金がなくても進学をすることができ、教育の格差をなくすことができるすばらしい制度です。

しかし、やはりネックなのが、長く続く返済です。

何年も続く返済に苦しみ、**「奨学金破産」する人が増えている**というニュースも見聞きします。

奨学金を返すことができなかったら、どうなってしまうのでしょうか。

残高不足などで支払えず延滞してしまった場合、2回目の延滞から5％の延滞金がかかります。1万円の5％でも500円ですから、決して安い金額ではありません。

また、**電話や手紙での督促**（とくそく）が行なわれます。

これは自分自身だけでなく、連帯保証人や保証人、場合によっては勤務先に連絡がくる場合もあります。そして、**3カ月以上滞納してしまうと、個人情報がブラックリストに登録される**ことになります。

ブラックリストに登録されると、クレジットカードが払えなかったときと同様、ローンが組めなくなってしまったり、クレジットカード自体が止められてしまう可能性もあります。

「進学するため」とはいえ、その形態は間違いなく「借金」であると言えます。

#奨学金地獄から脱出する方法

2016年に発表された中央労福協のアンケート[*23]を見ると、こういった具体的な制度の内容を知らなかったという人が多数を占めています。

奨学金を借りたとき、もちろん説明書にはいろいろ細かい説明が書いてあったはずですが、20歳前後の学生がきちんと制度を理解するには、なかなか難しい部分もあるのは確かです。

ですが、リスクをきちんと理解せずに借りてしまい、延滞や他にも借金をしてしまって「破産」へ向かったのでは、その後の人生がかなり変わってしまいます。

少しでも支払いが苦しいと思ったら、**まずは毎月の返済の減額や返還を先延ばしにする申請**をしてみましょう。

最初に決めた額は難しいけれど、少しでも額が減らせれば返済できる人は**「減額返還」**、今は返還ができないので、一定期間返還を待ってほしい人は**「返還期限猶予」**の申請をすることができます。

奨学金地獄の切り札！ でも返済の先延ばし…

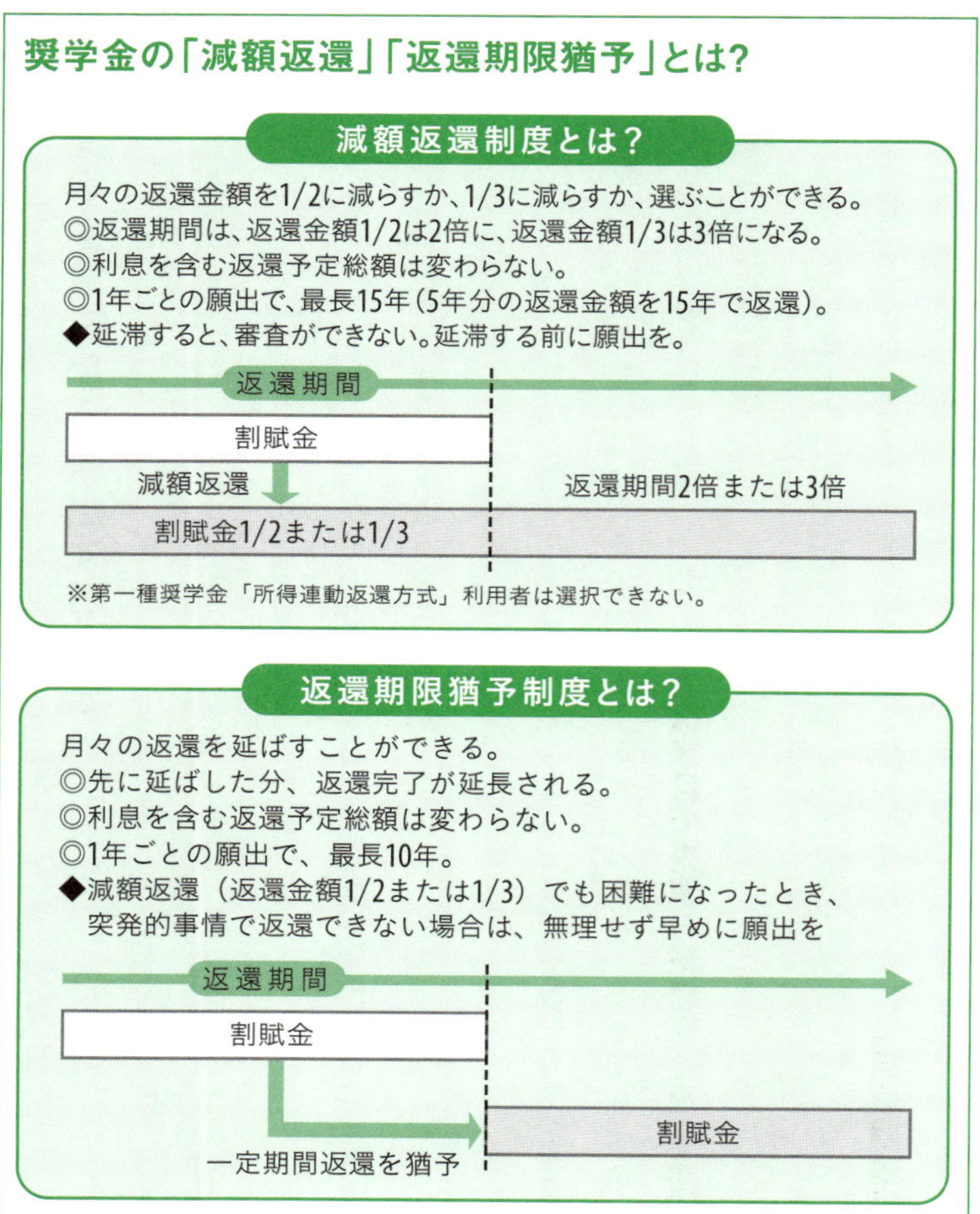

奨学金の「減額返還」「返還期限猶予」とは？
減額返還制度とは？
月々の返還金額を1/2に減らすか、1/3に減らすか、選ぶことができる。
◎返還期間は、返還金額1/2は2倍に、返還金額1/3は3倍になる。
◎利息を含む返還予定総額は変わらない。
◎1年ごとの願出で、最長15年（5年分の返還金額を15年で返還）。
◆延滞すると、審査ができない。延滞する前に願出を。
返還期間
割賦金
減額返還
返還期間2倍または3倍
割賦金1/2または1/3
※第一種奨学金「所得連動返還方式」利用者は選択できない。
返還期限猶予制度とは？
月々の返還を延ばすことができる。
◎先に延ばした分、返還完了が延長される。
◎利息を含む返還予定総額は変わらない。
◎1年ごとの願出で、最長10年。
◆減額返還（返還金額1/2または1/3）でも困難になったとき、
突発的事情で返還できない場合は、無理せず早めに願出を
返還期間
割賦金
割賦金
一定期間返還を猶予

《出典》日本学生支援機構「減額返還・返還期限猶予制度」資料を基に作成。

他の金融機関に借金をしてまで奨学金の返還に回そうとしたり、破産してもいいやと思ってしまう前に、絶対申請してほしい制度です。

ただ、どちらも支払う金額が減るわけではなく、あくまで返還を先延ばしにするものです。条件もあり、返済が50歳近くまで続くことになるかもしれないので、奨学金の返済を抱える期間が長くなることを覚悟しなければなりません。

奨学金制度が未婚率&少子化を促進!?

実際に、ここ10年で経済的貧窮を理由に**返還期限の猶予の申請をしている人は、2倍近くに増えています**。

そういった経済的に苦しい状況である人が増えているにもかかわらず、奨学金の返済も続くとなると、将来への不安を持つ人が増えているのも当然でしょう。

アンケートでも、**奨学金の返済が結婚や出産に影響している**という声が多く寄せられています。奨学金の返済があるため、生活に余裕がなく、結婚ができないと思っている人や、経済的に余裕がないまま子供を産んで、子供にもまた奨学金を使わせてしまうかもしれないのが不安という人もいるはずです。

奨学金という存在が、未婚率の増加や少子化にも少なからず影響していることは間違いないでしょう。

しかし、経済的に厳しい状態の中、進学を選ぶのであれば、やはり奨学金の力を借りるしかないのが私たちの現状です。

今、どうしても返済で苦しいのであれば、やはり毎月の返済額の減額や返還を先延ばしにする手続きをするか、無理なく返済していけるように、使えるお金を増やしていくしかありません。

収入に余裕が出れば、奨学金の繰り上げ返済をすることもできます。

繰り上げ返済をすれば、将来払い続ける際の利息も節約でき、もちろん返済期間も短くなります。

これからの自分、そして、自分の子供に無理をさせないためにも、プラスアルファの収入を増やしたり、環境を変えて収入を増やしていく方法や、海外のように子供自身にもお金を増やさせるさせるといったことを考えていかなければなりません。

若者が選挙に行かないだけで若者のお金が減る？

#選挙は、自分の味方を増やすもの

少子高齢化の話にも深く関係していることですが、選挙の時期になると、「若い世代こそ、積極的に選挙へ行こう！」といった声が以前にも増して聞こえてくるようになりました。

そんな雰囲気もあってか、特に最近は選挙があると、行かなきゃと思うようになったという人も多いのではないでしょうか。

とはいえ、選挙の投票日は貴重な休みの日。あるのはわかっていても、結局投票に行かないという人も大多数というのが現実です。

しかし、**選挙へ行かないという行動が、若者世代のお金を大きく減少させている**のです。

皆さんご存じかと思いますが、日本は民主主義の国です。民主主義とは、民衆の意志に基づいて政治を行なうという考え方です。

私たちは選挙という形で代表者を選び、その代表者たちによって日本の政治が行なわれています。

これがどんなことを意味するかというと、「選挙でどの代表を選ぶか」によって、日本の政治や暮らしは大きく変わってくるということです。

#選挙に行かない分だけ、若者向けより高齢者向けの政策が通りやすい

日本は少子高齢化の影響もあって、今では圧倒的に高齢者が多い国です。

政策自体も、社会保障費の多くが高齢者向けに使われており、若者向けの政策より高齢者向けの政策のほうが充実しているのが現状です。そして、その影響は、私たち

に経済的な負担として反映されます。

たとえば、医療費の負担。若者は、体調が悪くても、仕事でなかなか病院に行く時間がとれません。

健康保険として医療費をしっかり払っているはずなのに、医療費負担の恩恵をあまり受けられていませんよね。

また、年金制度が完全に破たんすることはないにせよ、今、老齢年金をもらっている世代より私たちがその世代になったときにもらえる金額は減ることはあっても、増えることはきっとないでしょう。

誤解してほしくないのですが、決して「高齢者向けにお金を使うな！」と言っているわけではありません。

こうした若者世代より高齢者向けの制度が充実している背景には、**若者世代の選挙の参加度の影響**もあります。

最近の選挙で言うと、50歳代以上の投票率が70％前後なのに対し、20歳代の投票率は30％、30歳代が40％ほどと、半数以上が投票へ行っていないのが現状です。

少子高齢化はこれからも進行し、若者の声がどんどん少数派になっていきます。

ただでさえ高齢者が多い時代に、若者が投票自体をしないのでは、高齢者がより得をする政策になるのは当然のことです。

権利の放棄は、「今のままでいい」と認めているのと同じ

そもそも若者の人口は高齢者よりも圧倒的に少なく、これからもどんどん減る一方です。

つまり、投票数で言うと、若者がいくら投票しても、高齢者の投票数を超えることはありません。そうなると、どれだけ若者が投票しても、若者が得をする政策にはあまり反映されないかもしれません。

しかし、これから日本で何十年と暮らしていくのは、私たちとその子供世代です。たった一人自分が行ったところで何も変わらないと思ってしまう人がいるかもしれませんが、**少子高齢化の今、意志を示すという意味で、私たち世代の1票はとても価値があります**。

日本の経済状況の悪化、増税、低所得、所得格差、社会保険料の負担、年金問題、働く女性を支える子育て支援、イクメン問題……などなど、私たちがこれから日本で暮らしていくにあたり、さまざまなお金の問題としっかり向き合うために、どんな政策を実行する政治家を選ぶのか、その権利が私たちにあります。

もしかしたら、投票をしたいような満足のいく政策をとってくれる政治家があまりいないなんてこともあるかもしれません。

それでも、政治に参加するという権利を自ら放棄してしまったのでは、**「私たち世代のお金を違う世代に使っていいよ」と言っているようなもの**です。

最近では、幼児教育や高校授業料の無償化、派遣社員などの有期契約を無期契約に転換できる制度など、子供を育てやすい環境にしたり、より働いて収入を安定させられるような、今の私たち世代や子供たちに向けた経済的支援制度も少しずつ整いつつあります。

先ほど、「貴重な休みの日に……」という話をしましたが、決められている投票日以外に投票に行ける**「期日前投票」**という制度があります。それなら投票に行けるという人もたくさんいるはず。

今の日本に暮らす私たちを取り巻く経済的な問題はたくさんあり、自分の力だけで頑張ることにも限界があります。

でも、ただそれを嘆くだけではなく、私たち自身や私たちの子供が暮らしやすい社会にするために、**きちんと選挙の際には自分が理想とする社会をつくってくれそうな政治家へ投票する**。

この行動が、最大限私たちにできることの1つだとしっかり頭に置いておくことが大切です。

すぐ退職上等！仕事は給料と待遇を自分で選ぶ時代

#終身雇用、年功序列が崩壊している時代

若者はすぐ会社を辞める——。

そんな話題を最近よく見聞きします。石の上にも3年ということわざがありますが、3年は辞めずに働くという風潮を、なぜか多くの人が信じています。

しかし、実際には大学を卒業して、3年目までには、10人のうち3人は会社を辞めています。

日本が経済的に成長していた時代には、同じ会社で定年まで雇われ続けるという終身雇用制度、勤めた年数や年齢が上がるにつれて、お給料を増やしていくという年功

1つの会社にしがみつく理由はない!

新規学卒就職者の在職期間別離職状況

学歴		就職者数(人)	3年目までの離職者数(人)			離職者率(%)	3年目までの離職者率(%)		
			1年目	2年目	3年目		1年目	2年目	3年目
中学	平成8(1996)年3月	7,472	3,570	1,040	694	71	48	14	9
	平成18(2006)年3月	1,815	843	245	134	67.3	46.4	13.5	7.4
	平成26(2014)年3月	1,274	578	183	101	67.7	45.4	14.4	7.9
高校	平成8(1996)年3月	328,076	78,617	48,713	30,555	48	24	15	9
	平成18(2006)年3月	181,133	43,076	22,613	14,811	44	24	13	8
	平成26(2014)年3月	170,591	33,284	20,454	15,850	41	20	12	9
短大等	平成8(1996)年3月	284,442	49,921	37,455	29,699	41	18	13	10
	平成18(2006)年3月	175,218	34,652	22,492	18,074	43	20	13	10
	平成26(2014)年3月	138,730	25,399	16,614	15,246	41	18	12	11
大学	平成8(1996)年3月	360,873	50,789	39,792	30,547	34	14	11	9
	平成18(2006)年3月	423,686	61,993	46,452	36,276	34	15	11	8
	平成26(2014)年3月	427,932	52,733	45,192	40,037	32	12	11	9

《注釈》事業所からハローワークに対して、新規学卒者として雇用保険の加入届が提出された新規被保険者資格取得者の生年月日、資格取得加入日等、資格取得理由から各学歴ごとに新規学卒者と推定される就職者数を算出し、更にその離職日から離職者数・離職率を算出している。
3年目までの離職率は、四捨五入の関係で1年目、2年目、3年目の離職率の合計と一致しないことがある。

《出典》厚生労働省HP:https://www.mhlw.go.jp/file/06-Seisakujouhou-11650000-Shokugyouanteikyokuhakenyukiroudoutaisakubu/0000177658.pdfを基に作成。

新卒で
辞めている人も
結構いるね

すぐ転職して
成功したなんて話も
たまに聞くもんなぁ

序列制度が基本でした。

しかし、バブル崩壊後、私たちミレニアル世代が「失われた20年」を生きる中で、いいお給料を支給するのが前提のような制度が崩壊してきています。

最近やっと、10年前に比べて毎年お給料が上がらないという現状は、データ上では改善しつつあります。

しかし、ひそかにはびこるブラック企業のように、残業代などのプラスアルファの給与がきちんと支給されないといった問題や、そもそものお給料自体が低いという根本的な問題もあるのです。

最近では、お給料の決まり方も多様化し、1年ごとに1年のお給料を決める年俸制や成果によってお給料が変わる成果報酬制といった、より実力主義に向かっています。

そんな背景もあり、以前とは違い、**同じ会社へずっと勤めることが必ずしも将来の自分のプラスになるとは限らず、合わないと思った会社、ましてやブラック企業などに長く我慢していることに意味がなくなっている**のです。

同じ会社にずっといても給料が上がらない!?

1人当たり平均賃金の改定額及び改定率の推移

年	1人平均賃金の改定額※(円)	1人平均賃金の改定率※(%)
昭和55(1980)年	**11,487**	**7.2**
昭和60(1985)年	**10,218**	**5.0**
平成2(1990)年	**14,199**	**6.0**
平成7(1995)年	**7,206**	**2.7**
平成12(2000)年	**4,177**	**1.5**
平成17(2005)年	**3,904**	**1.4**
平成22(2010)年	**3,672**	**1.3**
平成27(2015)年	**5,282**	**1.9**
平成29(2017)年	**5,627**	**2.0**

《注釈》賃金の改定を実施し又は予定していて額も決定している企業及び賃金の改定を実施しない企業についての数値である。
※1人平均賃金の改定額及び改定率は、1カ月当たりの1人平均所定内賃金の改定額及び改定率である。
《出典》厚生労働省「厚生労働統計一覧」を基に作成。

自分の成長に伴い、それに見合った場所へ移動する

アメリカの「CNN Money」によれば、**アメリカのミレニアル世代は大学卒業後、32歳までに4回転職をする**としています。大学を卒業して約10年で4回も転職する人は、日本ではめったにいませんよね。

なぜそんなにも転職をするかというと、その理由は明快です。**より良い待遇とより良いお給料を得るため**です。

アメリカではその企業に勤め上げることが目的ではなく、金融なら金融、小売なら小売など、その仕事を勤めるという考え方だからです。同じ業種でもっといい条件のところがあれば、新しい環境へ移ることで、さらなるキャリアアップを目指します。

自分の成長に伴い、それに見合った場所へ移動する。

冷静に考えたら、普通のことですよね。

日本で働いていたとしても、年齢を経て仕事にも慣れ、その分、成果を出せる機会

が増えるのは変わりません。

しかし、やはり転職してキャリアアップすることが当たり前のアメリカに比べ、日本はまだまだ転職を頻繁にすることへの不信感を持つ人が多いのが現状です。

そうは言っても、少子高齢化により、そもそも若手で働く人材自体がどんどん減っていきます。

雇用される私たちとしても、**やはり待遇が良く、大切な人材として迎えてくれる会社を選ぶべき**でしょう。自分のマーケットバリュー自体が上がれば、自分から会社を選ぶことができる時代です。

安いお給料で環境の悪い職場で耐えたとしても、何もいいことはありません。そんなところで3年も勤めるなんて間違いです。

#転職前に知っておいたほうがいいこと

とはいえ、実際に転職をするとなると、働きながらでは難しいかもしれないと思う人もいるでしょう。

会社を辞めたら、失業保険がもらえることは知っている人も多いかもしれませんが、それに加えてぜひ知っておいてほしいのが、**自己都合（自分で辞める意志を伝える）退職をしたとしても、会社都合になるケースもあるかもしれない**ということです。

自己都合と会社都合とでは、失業保険の給付金額も給付の期間も大きく変わります。

会社都合になるのは、直前6カ月のうちに、残業時間が3カ月連続で月45時間以上の場合、1カ月で100時間以上の場合、連続2カ月の平均が月80時間以上になる場合、上司や同僚からセクハラ・パワハラを受けた場合などです。

詳しくはケースバイケースになるので、転職したいと思っている人は、**ハローワークへぜひ相談**してみてください。

自分のスキル、人柄、キャリアをとことん上げて、発信する

日本においても、アメリカのようなその人自身のスキルや人柄、キャリアを重視される流れになりつつあります。

それは、SNSの発達で自分を表現する場が広がったり、誰でも起業しやすい時代になったこともあり、**他の人と何が違うのかという部分がより浮き彫りになりやすくなった**というのが理由の1つです。

自分自身がどういうスキルがあって、どういう人間なのか、その人自身の信用力が重要な役割を果たします。

仕事を替える際には、人とのつながりが大きくプラスになったりもしますが、信用力がある人ほど、まわりの人に助けられる場面が多いものです。

職を替えるためのアクションなんて、いつでもどこでもすることができます。環境を変えたら、収入が何倍にもなる可能性だってあるのです。

これからは特に、**自分のキャリアを自分で選んでいく時代**です。

1分1秒を損しないためにも、今の状況を変えたいと思うのなら、今すぐにでも何か行動に移しましょう。

実はお金が稼ぎやすい時代になりつつある

#いらないものがお金になる時代

会社員として働いていても、所得が低いまま。そういった現実がある中、実はどんどんお金が稼ぎやすい時代になっています。

お金を稼ぐと言っても、いろいろな方法があります。

中でも一番簡単なのが、「いらないものを売ってお金を得る」方法です。

インターネットが普及する前は、いらないものを売るためには、それらをわざわざリサイクルショップなどに持ち込まなければなりませんでした。その後、ヤフオクなどパソコン上で物を売ることができるようになり、今やスマホのアプリ上で写真を撮

って載せるだけで何でも売ることができます。

匿名で送れるサービスや、普通の**オークションアプリ**や**フリマアプリ**であれば、自分で写真を撮って値段などを登録し、梱包や発送作業をしなければならないところを、箱に詰めて送るだけで、売買から発送までしてくれるようなサービスが出てきました。最近では、アプリ上で先に写真を撮るだけで、その場で査定され、すぐにお金を受け取れ、物はあとで送ればいいというサービスも登場しています。

フリマアプリであれば、値段をつけるのは自分です。

売れるかどうかは別として、好きな値段で売ることができますし、自分でどこかに何かを持ち寄らずとも一瞬でお金が手に入るのです。

意外なものが高い値段で売れるかもしれませんし、家で眠っているもう使わないものを定期的に売るだけでも、チリも積もればいい金額になります。

#得意なことを仕事としてネットで受注する

近年、「インターネットを通じて仕事を受ける」という働き方もどんどん普及して

います。

クラウドソーシングのような、その会社に入って専業として仕事をするのではなく、デザインや翻訳、ホームページ制作など、一つひとつの案件として、**会社が不特定多数の人に向けて仕事をお願いし、条件に合った人がその仕事を請け負う**というものです。

昔であれば、内職や副業というと、家に帰って袋詰めや細かい作業を淡々とこなすというイメージでしたが、クラウドソーシングのような仕組みは、**いつでも、どこでも、そして誰でも仕事をすることができる**のが特徴です。

報酬が低いものもありますが、高いものを選んだり、隙間時間に得意なことをコツコツと続ければ、それなりの金額になるはずです。

#好きなことを発信して、お金にする

SNSの普及で、自分自身を自由に表現できるようになったことも、お金を稼ぐことにつながっていきます。

私たち世代なら多くの人が一度は書いたことがある**ブログ**。

今ではブロガーと呼ばれる職業の人たちが活躍しているように、自分自身の日常や気になったことを好きに書いていたら、人気ブログになっていくこともあります。

一人1つはアカウントを持っているであろう**Twitter**も、自己表現をするにはぴったりです。ツイートがバズれば、一躍人気アカウントになります。

最近では、**instagram**でしょうか。

いわゆるインスタグラマーと呼ばれる人たちは、商品や場所の紹介をすることにより、1回の投稿で数万円をもらっています。

好きな写真を載せていたら、いつの間にかフォロワーも増え、こういった依頼がくるようになるかもしれません。

投稿の内容は、料理、美容、イラスト、小説、政治経済など、なんでもありです。好きなことを好きに表現しているだけで、本を出せたり、イベントをすることができたり、いろいろな依頼がくるようになります。

特にWEB漫画や料理レシピなどは、Twitterでよく見かけるという人も多いのではないでしょうか。

人の目に触れるようになれば、あっという間にお金になります。

副業と考えると、顔出しのYouTuberなどはなかなか難しいかもしれませんが、YouTuberとして有名になって、それが本業になったという人もいるように、顔や本名を出さないSNSであっても、自分が好きに発信していたことが徐々に形になって仕事につながり、それがいつしか本業になったという人もいます。

さらに、いわゆる**アフィリエイトサイト**のように、あまり更新をしなくてもお金を稼ぐコンテンツをつくって広告収入を稼ぐという手段もあります。

今では、誰でも自分自身の得意なことを仕事にして、お金を稼ぐことができる可能性がより広がったのです。

#副業する際の注意点

会社員が副業をする際に注意しなければいけないのが、**税金**です。

生活の不用品をフリマアプリやオークションで売って得た利益には、基本的には税金はかかりません。

しかし、クラウドソーシングでもらった報酬やSNSで受けた漫画の原稿料や商品の紹介料といった利益が、その仕事で利益を得るために使った経費を引いて20万円を超えてしまった場合、確定申告をしなければならなくなります。

そうなると、所得税や住民税の金額にも影響してきます。

会社に副業を秘密にしている人は、住民税の金額が増えてしまうかもしれないので、要注意です。

そんなに稼いでいなければ別ですが、副業でかなり稼げてしまった人は、不安であれば税務署や税理士さんなどに相談してみてください。

今までであれば、副業と言えばコツコツと、軌道に乗るまでも時間がかかるというイメージでしたが、お金を増やすという意味で考えれば、本当に**今すぐお金を増やすことができる時代**になりました。

SNSでお金を稼いだりするのは少し時間がかかるかも必要かもしれませんが、うまくいけばすぐにお金になるコンテンツを生み出すことができるかもしれませんし、クラウドソーシングのような仕事であれば、自分のペースで、受け取れる金額も仕事の内容も、好きに選ぶことができます。

そのチャンスは、誰にでもつかむことができるのです。

社会全体でも、副業禁止というルールが撤廃されるという流れになりつつある中、収入を増やすために副業として仕事を増やすという発想ではなく、「仕事を複数持つ」という考えが普通の時代になっていくかもしれませんね。

お金も人生も、自分で豊かにしていかないといけない

流れに身を任せているだけでは普通の人生すら歩めない

就職して、会社に勤めて、良い年頃で結婚して、女性は仕事を辞めて家庭に入り、男性は大黒柱として家計を支えて、家を建てて、昇進して、車を買って、子供を大学まで行かせて、ずっと勤めていた会社を退職して、現役時代に貯めた貯金とどんどん増えた投資の利益と退職金と年金で、夫婦でまったり老後を過ごす――。

ひと昔前であれば、こういう流れにただ身を任せていたら、多くの人が歩んでいたであろう当たり前のライフプラン。

今となっては、ほとんどの人がピンとこないのではないでしょうか。

それもそのはずです。

「就職をしてもいいお給料がもらえない」「正社員になれない可能性もある」「先のことを考えると長期投資も危ないかもしれない」「子供を学校に行かせられるお金がない」「車や家を買うという選択肢がない」「老後は年金の額もかなり減っているかもしれない」……。

今は、取り巻く環境がガラッと変わってしまいました。

流れに身を任せているだけでは、いわゆる普通の人生すら歩めないかもしれない時代になってしまったのです。

#決められた道はなくなった

一方でいわゆる「普通の人生」の概念が通用しなくなったことで、決められた道を進まないことへのハードルや偏見もなくなりました。

お給料が上がらないのであれば、もっといいお給料がもらえる会社に転職する。

自分のスキルを利用して、本業にプラスしてお金を稼ぐ。
自分に合った投資方法でお金を増やす。

自分が1つ行動に移すだけで、少しずつ、もしくはガラッと、何もかもが変わる可能性もあります。

たとえばSNSでお金を稼いだり、YouTubeで本業としてお金を稼ぐために会社員を辞めるなんて、ひと昔前であれば大反対されたことでしょう。

しかし、実際にそういった新しい仕事で、会社員として働いて稼ぐ以上のお金を稼ぐ人もたくさん登場しています。

もちろん、今でも安定した仕事から不安定な仕事へ行くことを反対する人もいるかもしれませんが、そういった新しい仕事をしている人の仕事ぶりを、誰しもが一度はどこかで見たことがあるくらい、社会に通用する普通の仕事になりつつあります。

また、仕事以外の生き方という面でも、さまざまな部分でどんどん多様化していきます。

働く女性が増えたことで、「女性は結婚をしたら家庭に入らなくてはならない」という価値観も薄れてきました。逆に女性がたくさん稼ぎ、男性が主夫として家に入る。

育児のときは、二人そろって育休を取る。

男性は収入、女性は家庭を支えるという区分自体がなくなりつつあります。

良き年頃で結婚をして当たり前というのではなく、自分だけの人生を謳歌（おうか）する時間を長くとるという人も増えました。

仕事も生き方もいろいろな選択肢が増えた分、以前であれば非難されたようなことでも、**「いろんな人がいるんだ」と社会に受け入れられ、マイナスに思われる機会はどんどん減っています**。

そういった意味では、これからの時代を生きていく私たちは、少し前の時代よりも幸せなのかもしれません。

こういう新しい生き方を選ぶのも、自分自身の行動次第です。

自分で行動した人は豊かになり、何もしない人は取り残されていく

ただ、いろいろな選択肢が生まれた一方で、何もしなければお金も増えず、自由な

生活を送ることができない可能性もあることを忘れてはいけません。

お金は選択肢を増やすためのツールだと最初にお話をしましたが、これからの険しい日本を生きていくど真ん中世代として、ただ淡々と何もせず過ごしていったのでは、そんな選択肢を増やすためのお金自体、勝手に増えるという望みは限りなく薄いのです。

そんな状況を打破するにも、自分自身で情報や知識を得ることが、まずは何よりも大切です。

たとえるならば、限定商品のようなものです。

その日が発売日だと前もって調べて知っている人は、人生が変わるくらい有益なものをいち早くゲットすることができますが、その日が発売日だと知らずに過ごした人は、そんな有益なものが売られていたとは知らないまま、ずっと損をして生きていきます。

自分で行動した人はどんどん豊かになり、何もしないままの人はどんどん取り残されていく――。

これからはどんどんそういう時代になっていくでしょう。

自分の環境は、自分の行動でしか変えられない

収入も低いし、働いても働いてももらえるお給料は少ない。

結婚をしたくても、お金が気になる。

今の若い人は……と、上の人からは非難される。

将来どうなっているか心配。

貯金もないし、むしろいつもお金がない。

明日の生活もぎりぎり。

そんなつらいこと、不安なことを抱えている人がたくさんいるでしょう。

でも、**誰も他人のお金を増やしてくれませんし、頼んでもいないのに他人の環境を変えてはくれません**。

どんなにつらくて苦しかったとしても、自分を豊かにしてくれるのは、自分の行動1つです。

ミレニアル世代は、いろいろなものが進化する中で成長してきた世代です。

新しいことを取り入れて、自分をアップデートしていくのは、きっと得意なはず。

疲れたときはひと休みしつつ、一つひとつ、自分自身で行動に移して、お金も人生も、選択肢を増やしていきましょう。

おわりに

この本を手にとってくださった方の中には、ミレニアル世代以外の方もいらっしゃるかと思います。

たとえば、私たちの親世代、祖父母世代の方からしたら、「自分たちも頑張ってきたし、苦労もしてきたのに」と、皆さんの今までを否定されたようで、ムッとした方もいらっしゃるかもしれません。

コミュニケーションは受け取る側の感情がすべてですから、ここまで読んできて、もしそう感じさせてしまったのであれば、それは本当に申し訳ないことです。

でも、きっとわかってくださっている方もいると思うのですが、私がこの本でお伝えしているのは、私たちの上の世代である皆さんがつくり上げてきた今までの社会や仕組みを否定するものではありません。

むしろ、私たちミレニアル世代の若者があまり政治に参加もせず、なかなか声を上げていない現状がある今の社会で、イクメンの促進や少子化対策、残業規制、ハラスメント問題などが改善されつつあるのは、それこそ、今、精力的に声を上げてくださっている、ミレニアル世代よりも上の世代の皆さんのおかげであることは間違いありません。

皆さんが頑張ってつくり上げてきた今の社会が、悲しいことにどんどん悪い方向へ向かっていく中で、私たちミレニアル世代がしっかりと現実と向き合い、どう幸せに生きていくかをお伝えしているのが、この本なのです。

どうかお子さんやお孫さんに、こうした現実があることや新しい可能性があることを、この本で知らせてあげてほしいと願っています。

そして、この本のメインターゲットであるミレニアル世代の皆さん。

暗いニュースばかりで、嫌になることも本当にたくさんあります。

さらにこの本を読んでなおさら、現実を突きつけられて嫌になってしまったという方もいらっしゃるかもしれませんね。

でも、本文の中でも書いたとおり、私たちは、どんどん新しいサービスが生まれている真っ只中で人生を送っており、世の中の発展とともに、新しい選択肢がどんどん増えていっています。このような社会の進化は、私たちの時代だけでなく、私たちの子供や孫、さらにもっと先の子孫の時代まで、ずっと続いていくことです。

今私たちが、この本に書いてあることにしっかりと向き合い、できることから実践していけば、近い未来には、暗いニュース、今後の課題、そして、お金が手元に増えない、残らないといった現実がなくなる可能性だってあるかもしれません。

人生100年時代。このことに限っては、今どの年齢であっても、100歳まで生きる可能性は大いにあります。

せっかく日本という国で、それぞれが幸せになれるように考え、もがき、日々暮らしているのですから、人生において少しでもいろいろな選択肢を増やしていけるよう、一緒に頑張っていきましょう。

この本があなたの人生に少しでもお役に立てたなら、著者としてこれほどうれしいことはありません。

2019年1月

横川　楓

【参考資料URL】

※本文内で取り上げ、参考にした各種データ・関連資料をまとめました。

＊1

◎厚生労働省ＨＰ「厚生年金保険　受給者の平均年金月額の推移」
https://www.mhlw.go.jp/nenkinkenshou/report/zaisei/data/data01/kousei/ks-04.html

◎厚生労働省ＨＰ「年金保険」資料
https://www.mhlw.go.jp/topics/bukyoku/nenkin/nenkin/toukei/nenpou/2008/dl/gaiyou_h20.pdf

◎厚生労働省ＨＰ　年金関連資料
https://www.mhlw.go.jp/topics/bukyoku/nenkin/nenkin/toukei/nenpou/2008/dl/gaiyou_h28.pdf

＊2

◎日本年金機構ＨＰ「学生納付特例制度」
https://www.nenkin.go.jp/service/kokunen/menjo/20150514.html

＊3

◎国税庁ＨＰ「扶養控除」
https://www.nta.go.jp/m/taxanswer/1180.htm

＊4

◎国税庁ＨＰ「医療費控除」
https://www.nta.go.jp/taxes/shiraberu/taxanswer/shotoku/1120.htm

＊5

◎総務省ＨＰ「ふるさと納税」
http://www.soumu.go.jp/main_sosiki/jichi_zeisei/czaisei/czaisei_seido/furusato/about/

*6
◎内閣府ＨＰ「国民経済計算」
http://www5.cao.go.jp/j-j/wp/wp-je17/h11_data01.html

*7
◎e-Stat「出入国管理統計」
https://www.e-stat.go.jp/stat-search/files?page=1&layout=datalist&toukei=00250011&tstat=000001012480
&cycle=0&tclass1=000001012481&tclass2=000001020814

*8
◎厚生労働省ＨＰ「働く女性の状況」資料
https://www.mhlw.go.jp/bunya/koyoukintou/josei-jitsujo/dl/17b.pdf

*9
◎総務省統計局ＨＰ「世帯属性別の家計収支（二人以上の世帯）」資料
http://www.stat.go.jp/data/kakei/sokuhou/nen/pdf/gy02.pdf

*10
◎厚生労働省ＨＰ「退職給付（一時金・年金）の支給実態」資料
https://www.mhlw.go.jp/toukei/itiran/roudou/jikan/syurou/13/dl/gaiyou05.pdf

*11
◎全国銀行協会ＨＰ「住宅ローンの仕組みと返済方法」
https://www.zenginkyo.or.jp/article/tag-d/5215/

*12
◎国土交通省ＨＰ「国土交通白書」p.64
http://www.mlit.go.jp/hakusyo/mlit/h24/hakusho/h25/pdf/np102300.pdf

*13

◎日本クレジットカード協会ＨＰ「クレジットカードの基礎知識」
http://www.jcca-office.gr.jp/consumer/basic.html

*14
◎株式会社日本信用情報機構ＨＰ「登録内容と登録期間」
https://www.jicc.co.jp/whats/about_02/index.html

*15
◎野村総合研究所「生活者1万人アンケートにみる日本人の価値観・消費行動の変化」資料
https://www.nri.com/jp/event/mediaforum/2015/pdf/forum229.pdf

*16
◎総務省統計局ＨＰ「第14章 金融・保険 金利」
http://www.stat.go.jp/data/chouki/14.html
◎日本銀行ＨＰ「市場金利等」資料
http://www.boj.or.jp/statistics/pub/sk/data/sk2.pdf

*17
◎日本年金機構ＨＰ「厚生年金保険料率表」資料
http://www.nenkin.go.jp/service/kounen/hokenryo-gaku/hensen/20140710.files/standard_insurance_1.pdf
◎全国健康保険協会ＨＰ「保険料率の変遷」
https://www.kyoukaikenpo.or.jp/g3/cat330/hokenryouritunohennsenn

*18
◎金融庁ＨＰ「つみたてＮＩＳＡ早わかりガイドブック」
https://www.fsa.go.jp/policy/nisa2/about/tsumitate/guide/index.html

*19
◎金融庁ＨＰ「ＮＩＳＡの概要」

https://www.fsa.go.jp/policy/nisa2/about/nisa/overview/index.html

＊20

◎iDeCoナビＨＰ「個人型確定拠出年金「iDeCo（イデコ）」とは?」

https://www.dcnenkin.jp/about/

＊21

◎労働政策研究・研修機構ＨＰ「第1表 性別賃金の推移（産業計、企業規模計、学歴計）」

http://www.jil.go.jp/jil/kisya/daijin/980423_01_d/980423_01_d_hyou1-2.html

◎厚生労働省ＨＰ「第1表 性別賃金、対前年増減率及び男女間賃金格差の推移」

https://www.mhlw.go.jp/toukei/itiran/roudou/chingin/kouzou/z2017/dl/01.pdf

＊22

◎日本学生支援機構ＨＰ「第10表 家庭の年間収入階層別学生数の割合」資料

https://www.jasso.go.jp/gakusei/archive/dtog/__icsFiles/afieldfile/2015/12/05/daigaku505_09.pdf

◎日本学生支援機構ＨＰ「平成28年度学生生活調査報告」p.16「L表 家庭の収入階層区分別学生数の割合」資料

https://www.jasso.go.jp/about/statistics/gakusei_chosa/__icsFiles/afieldfile/2018/08/30/houkoku16_all.pdf

＊23

◎労働者福祉中央協議会ＨＰ「奨学金に関するアンケート調査結果」資料

http://www.rofuku.net/network/activity_img/tottori20160301101822.pdf

【著者プロフィール】

横川　楓（よこかわ・かえで）

ミレニアル世代のお金の専門家。
1990年東京生まれ。明治大学法学部卒業後、同大学院へ進学、24歳で経営学修士（MBA）、ファイナンシャルプランナー（AFP）を取得。その他、マイナンバー管理アドバイザー、マネーマネジメント検定等の資格も保有する。また、在学中には地下アイドルの経験があり、ライブ活動などを行なうなどの異色の経歴を持つ。現在は特に若い世代やお金のことをあまり知らない世代へお金の知識の啓蒙活動を行ない、唯一のミレニアル世代のお金の専門家／経済評論家として活動中。「お金のことを誰よりも等身大の目線でわかりやすく」がモットー。SNSや各種メディアの連載で大きな注目を集めている。本書が初著書となる。

◎著者 Twitter　https://twitter.com/yokokawakaede

ミレニアル世代のお金のリアル

2019年2月21日　　初版発行

著　者　横川　楓
発行者　太田　宏
発行所　フォレスト出版株式会社
〒162-0824 東京都新宿区揚場町2-18　白宝ビル5F
電話　03-5229-5750（営業）
03-5229-5757（編集）
URL　http://www.forestpub.co.jp

印刷・製本　日経印刷株式会社

ISBN978-4-86680-021-9　Printed in Japan

ミレニアル世代の
お金のリアル

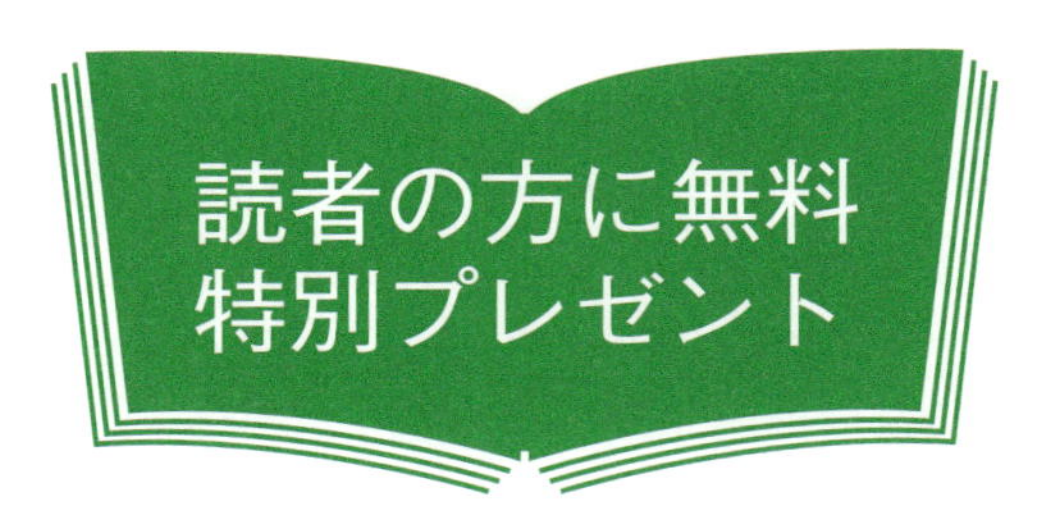

横川楓の
お金のアドバイス

（動画ファイル）

未公開原稿

（PDF ファイル）

著者・横川 楓さんより

著者・横川楓さんから、本書をお読みいただいたあなたに、素敵なプレゼントをご用意いただきました。１つは「お金のアドバイス」動画、もう１つは、紙面の都合で掲載できなかった「未公開原稿」PDF の豪華２本立てです。ぜひダウンロードして、あなたのマネーライフにお役立てください。

特別プレゼントはこちらから無料ダウンロードできます↓

http://frstp.jp/kaede

※特別プレゼントは Web 上で公開するものであり、小冊子・DVD などをお送りするものではありません。

※上記無料プレゼントのご提供は予告なく終了となる場合がございます。あらかじめご了承ください。